A ASTROLOGIA CHINESA
DAS
NOVE CONSTELAÇÕES

GÉRARD EDDE

A ASTROLOGIA CHINESA DAS NOVE CONSTELAÇÕES

Astrologia Tradicional do *I Ching*
Manual Prático

Tradução
MARIA STELA GONÇALVES

EDITORA PENSAMENTO
São Paulo

Título do original:
L'Astrologie Chinoise
Des
Neuf Constellations
Astrologie Traditionnelle du Yi-King
Manuel Pratique

Edição	Ano
1-2-3-4-5-6-7-8-9-10	91-92-93-94-95

Impresso em nossas oficinas gráficas.

SUMÁRIO

O Autor

Nascido em 1947, Gérard Edde se dedicou integralmente aos métodos naturais de saúde, sobretudo de origem chinesa. Numerosas viagens profissionais ao Sudeste da Ásia lhe permitiram descobrir o conjunto dos métodos terapêuticos orientais, em especial a acupuntura, a alimentação natural, a fitoterapia e os exercícios de saúde. Ele completou sua formação com vários professores orientais de preeminência: o doutor Lu, no campo da terapia chinesa, e o doutor Vasant Lad, no do Ayur-Veda. Nestes últimos anos, manteve também contato com os maiores pesquisadores da medicina tradicional, como o doutor Bhagwam Dash (Índia), o doutor Motoyama (Japão) e o doutor Wu Wei Ping (China).

Gérard Edde diplomou-se pelo North American College of Chinese Herbalism e pelo North American College of Chinese Manipulative Therapy (Vancouver) da Chiansi University (Taiwan). É também membro da North American Association of Acupuncture (Chicago) e fundador do Centro Tao, associação que, desde 1974, ensina as terapêuticas orientais ao público francês através de estágios, cursos e cassetes.

Autor de várias obras – entre as quais *Manuel pratique de digitopuncture* (Manual Prático de Digitopuntura), *Ginseng et plantes toniques* (Ginseng e Plantas Tônicas), *Le Tao de la santé* (O Tao da Saúde), etc. –, Gérard Edde restitui ao Ocidente esses ensinamentos orientais milenares de uma maneira aplicável, mas sem desperdiçar seu conteúdo essencial a pretexto de uma "vulgarização".

"Na imensidão do universo, há uma energia original que engendra tudo."

"O Imperador Amarelo perguntou: 'Como explicar as nove constelações em função do corpo humano?' "

Nei Ching (tratado de acupuntura – século II a.C.)

Capítulo 1

AS BASES SIMBÓLICAS DAS CIÊNCIAS TRADICIONAIS CHINESAS

A Filosofia do Tao

A compreensão do Tao pouco se relaciona com a inteligência analítica; trata-se antes de uma experiência interior de expansão da consciência: o eu quebra a sua casca e se funde no grande todo. Eis por que é impossível descrever com palavras a essência da filosofia taoísta. No *Tao-Te King*, o sábio Lao Tsé dizia:

> Aquele que fala não sabe.
> Aquele que sabe não fala.

Evidentemente, esse aforismo diz respeito ao estado de "realização" do Tao, que é inexprimível. Nem nós nem vocês chegaram a ele, já que, caso contrário:

1) nós não teríamos escrito este texto;

2) vocês não teriam necessidade de lê-lo.

Portanto, esse temível dito de Lao Tsé não deve inquietar-nos, pois o conteúdo deste ensinamento não se refere à "essência do Tao", mas a métodos taoístas e chineses relativos à astrologia e à adivinhação, que convivem com métodos taoístas relativos à saúde, à aritmética, à agricultura ou à astronomia.

Contudo, para compreender esses métodos e utilizá-los de modo eficaz, é preciso "navegar" próximo ao mundo do Tao. A esse respeito, devemos agora colocar vocês à vontade: a filosofia chinesa é mais uma arte de viver e de pensar que uma abstração destinada aos intelectuais. Para usar os métodos chineses, não há nenhuma necessidade de pontificar na Sorbonne, "pesquisar" no C.N.R.S.,* acumular doutorados em língua chinesa ou pertencer à Academia Francesa. Um dos maiores filósofos taoístas, Chuang Tsé, considerava-se a si mesmo um perfeito idiota e evitava qualquer contato "perigoso" com os letrados da sua época, permitindo-se expor ao ridículo o douto Confúcio.

Para que se vislumbre o que de fato pode ser o Tao, eis algumas frases fulgurantes de escritos taoístas que mostram a vocês que o conceito de "Tao" ultrapassa amplamente o quadro da cultura chinesa, das religiões chinesas, para tornar-se um "instrumento" universal.

Estas frases esparsas parecerão a vocês surpreendentes, plenas de paradoxos, de vitalidade, de liberdade; revolucionárias, sábias ou, por vezes, incompreensíveis.

Pequenas Máximas Taoístas

A realização do Tao

"Ao realizar a unidade, o céu se ilumina, a terra se estabiliza."

Lao Tsé

O Tao?

"Havia algo de informe
que existia antes do céu e da terra . . .
Como desconheço o seu nome, chamo-o de Tao."

Lao Tsé

Crítica da ambição espiritual

"Com freqüência me perguntam por que vivo
nestas montanhas azuis
Eu então me calo e sorrio

* *Centre national de la recherche scientifique.*

O meu espírito nelas se apazigua
As árvores frutíferas estão florindo e os córregos fluem
Como tudo isso está longe do mundo dos homens."

Li Po

A natureza é perfeita e consoante com o "céu"

"A música do homem vem dos furos da sua flauta
De onde vem a música do céu?
. . . Quando o vento sopra pelos dez mil furos
da natureza, cada um emite o seu próprio som.
Por que haveria outras origens para essa música?"

Chuang Tsé

A diversidade e a relatividade das coisas

"Ninguém pode ver as coisas como o outro as vê."

Chuang Tsé

"Sem o mal, não se poderia distinguir o bem e,
sem o bem, não se veria o mal."

Chuang Tsé

"Permanecei além do bem e do mal."

Chuang Tsé

A vida e a morte

"A morte vem da vida, a vida vem da morte."

Chuang Tsé

"Acaso posso dizer que um homem que tem medo da morte seja alguém que treme diante da idéia de retornar a si mesmo?"

Chuang Tsé

O Simbolismo Prático

Desde muito cedo, a civilização chinesa utilizou símbolos para tentar descrever o movimento da vida.

a) A verdade é indescritível.

b) Os símbolos procuram compreendê-la de modo intuitivo.

c) As palavras explicam os símbolos.

d) Quando o símbolo é compreendido, esquecem-se as palavras.

Os próprios ideogramas chineses são símbolos, e muitas vezes uma palavra só pode ser compreendida graças às significações dos ideogramas.

Assim, não se devem considerar os símbolos como verdades absolutas, mas como instrumentos de trabalho entre a verdade suprema "incomunicável" (o Tao) e a nossa compreensão relativa do mundo.

Portanto, os símbolos (ou emblemas) têm antes de tudo um caráter prático. É preciso saber ultrapassar o sentido restritivo de um símbolo, por exemplo quando, em adivinhação chinesa, é formulada uma questão e a resposta obtida é simbolizada por uma figura que significa ao mesmo tempo: trovão – obstáculo – perigo – prisão; nesse caso, só se deve manter a significação referente à questão formulada.

Antes de empreendermos o estudo prático das ciências divinatórias chinesas, devemos, por conseguinte, procurar compreender sua linguagem básica: a dos símbolos. Essa linguagem era mais elevada e estava mais próxima do Tao que a das palavras.

EXPLICAÇÃO DO ESQUEMA

O esquema se divide em cinco partes

1) O círculo branco no alto representa "o último", ou o "supremo último" (Tai Chi).

É o símbolo mais próximo do Tao, um círculo sem centro, cujo centro está em toda parte e em parte alguma. É o desconhecido, que pode apenas ser experimentado mas não pode ser descrito pelas palavras.

2) Esse círculo se diferencia em duas "cores" opostas, preto e branco (ou vermelho e azul escuro), que representam

as duas forças opostas do universo (o yin e o yang), a matéria e o imaterial. A respeito do yin e do yang, pedimos aos leitores que esqueçam o que acreditam saber sobre o assunto e, sobretudo, que não introduzam aí as noções de força centrífuga e força centrípeta, noções completamente desconhecidas para os taoístas (pelo menos em sua formulação moderna). Eis a verdadeira origem simbólica desses dois conceitos: observando uma montanha, os taoístas distinguiram dois lados em relação à luz: o lado ensolarado e o lado à sombra.

Esquema da Realidade Suprema
(extraído de *Wei Tat* – Instituto Cultural de Tai Peh)

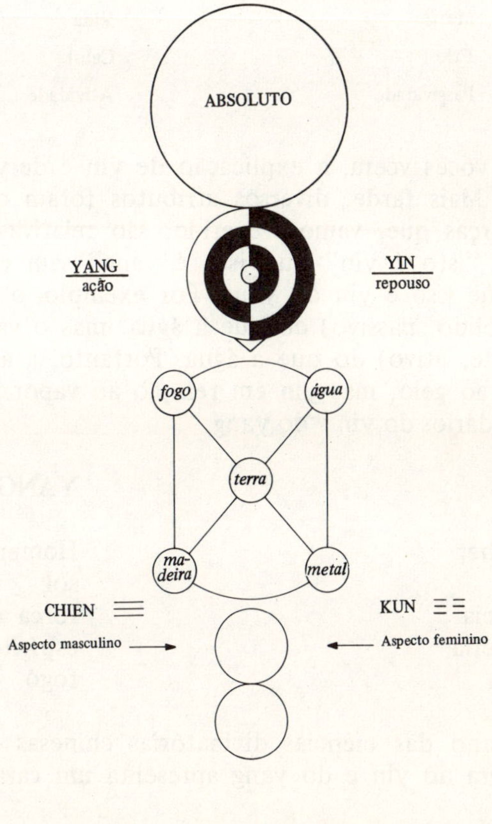

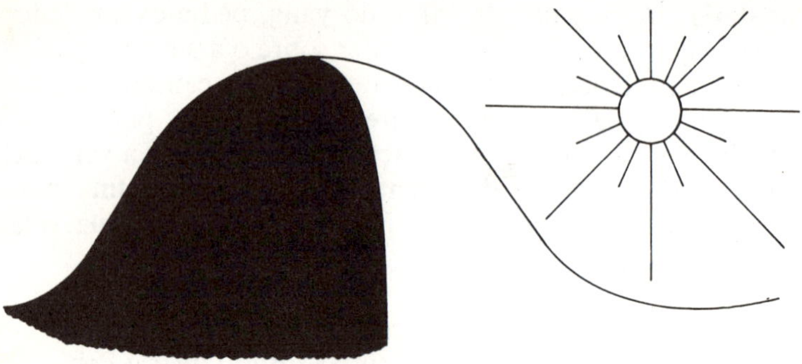

Lado yin	Lado yang
Morte	Vida
Frio	Calor
Passividade	Atividade

Como vocês vêem, a explicação de yin e de yang é muito simples. Mais tarde, diversos atributos foram dados a essas duas forças quc, vamos repeti-lo, são relativas: nunca se pode dizer "isto é yin" ou "isto é yang" sem explicar em relação a que isso é yin ou yang. Por exemplo, o gelo é mais yin (frio, sólido, passivo) do que a água, mas o vapor é mais yang (quente, ativo) do que a água. Portanto, a água é yang em relação ao gelo, mas yin em relação ao vapor. Eis os atributos secundários do yin e do yang:

YIN	YANG
Mulher	Homem
lua	sol
inércia	força ativa
matéria	espírito
água	fogo

No plano das ciências divinatórias chinesas e da astrologia, a regra do yin e do yang apresenta um caráter prático e filosófico. O homem do Tao, isto é, aquele que se aproxima da verdade e da "vivência" da verdade, sente intuitivamente a harmoniosa interação do yin e do yang e aceita os períodos de derrota e os períodos de vitória com igual humor. Em astrologia chinesa, como vocês verão mais adiante, existem períodos yang, em que se está orientado para a atividade, e períodos yin, em que o repouso se instala. Tentar lutar contra essas leis cíclicas é "contrariar o céu" e a sua verdadeira natureza, é afastar-se do Tao e da serenidade. Na adivinhação pelo *I Ching*, o oráculo obtido pode ser yin, e algumas vezes ele anuncia grandes dificuldades a superar. A adivinhação chinesa não é um sistema em que sempre se anunciam mundos e fundos; ela é antes de tudo uma preparação para a aceitação das coisas e para a utilização eficaz dos acontecimentos. Evidentemente, na consulta, deve-se ter prudência na escolha dos termos que acompanharão a explicação do símbolo obtido pelo consulente e saber mostrar o lado positivo das coisas. Eis por que a compreensão da filosofia taoísta é indispensável ao estudo das artes e ciências chinesas tradicionais.

3) Esta parte descreve a regra dos 5 elementos ou dos 5 movimentos. O yin e o yang não são suficientes para explicar a vida terrestre, não enfatizando o bastante a descrição do mundo.

Com efeito, a mistura do branco e do negro nunca mostrará a variedade das cores de uma paisagem de outono, por exemplo. A teoria dos 5 elementos provê a ênfase necessária e descreve a sucessão das estações e das atividades. É por isso que essa regra diz respeito à terra, ao passo que o yin e o yang se referem ao céu. Eis o ciclo de engendramento das estações. Mais tarde, os taoístas consideraram que a terra podia se intercalar entre o verão e o outono, formando assim uma quinta estação, a das colheitas dos frutos da terra: o período das colheitas (ou fim do verão).

A madeira (primavera) engendra o fogo (verão) que, por sua vez, engendra a terra (colheitas), etc.

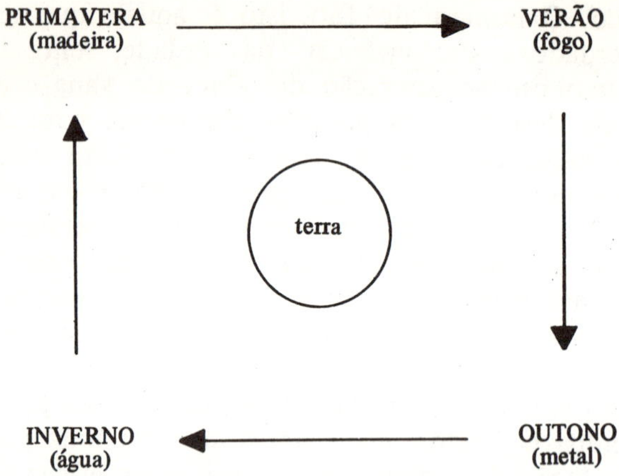

Os 5 elementos (wu hsing) estão associados com correspondências que serão muitas vezes utilizadas para a compreensão do *I Ching* e da astrologia chinesa dos 5 planetas.

Eis o quadro dessas correspondências segundo o *Nei Ching* (livro que aborda o interior).

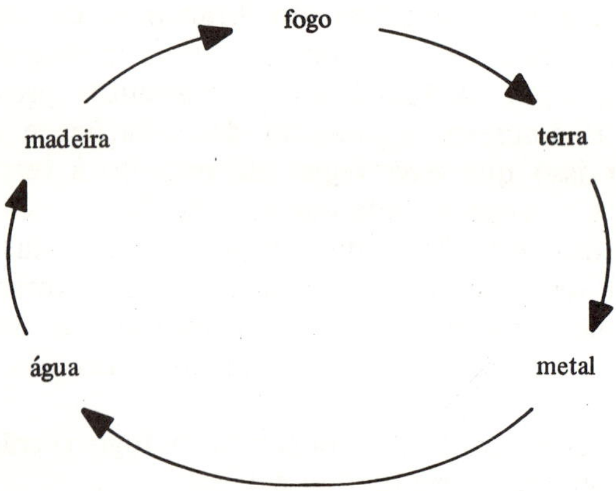

QUADRO DAS CORRESPONDÊNCIAS ENTRE OS 5 ELEMENTOS E OS ÓRGÃOS

	METAL	ÁGUA	MADEIRA	FOGO	TERRA
ÓRGÃOS	*PULMÕES*	*RINS*	*FÍGADO*	*CORAÇÃO*	*BAÇO*
VÍSCERAS	Intestino grosso	Bexiga	Vesícula biliar	Intestino delgado	Estômago
COR	Branco	Preto	Verde	Vermelho	Amarelo
ESTAÇÃO	Outono	Inverno	Primavera	Verão	Fim do verão
SABOR	Picante	Salgado	Ácido	Amargo	Doce
ENERGIA	Seca	Frio	Vento	Calor	Umidade
PLANETA	Vênus	Mercúrio	Júpiter	Marte	Saturno
SENTIMENTO	Melancolia	Medo	Cólera	Alegria	Reflexão
CEREAIS	Aveia	Soja	Trigo	Arroz	Milho

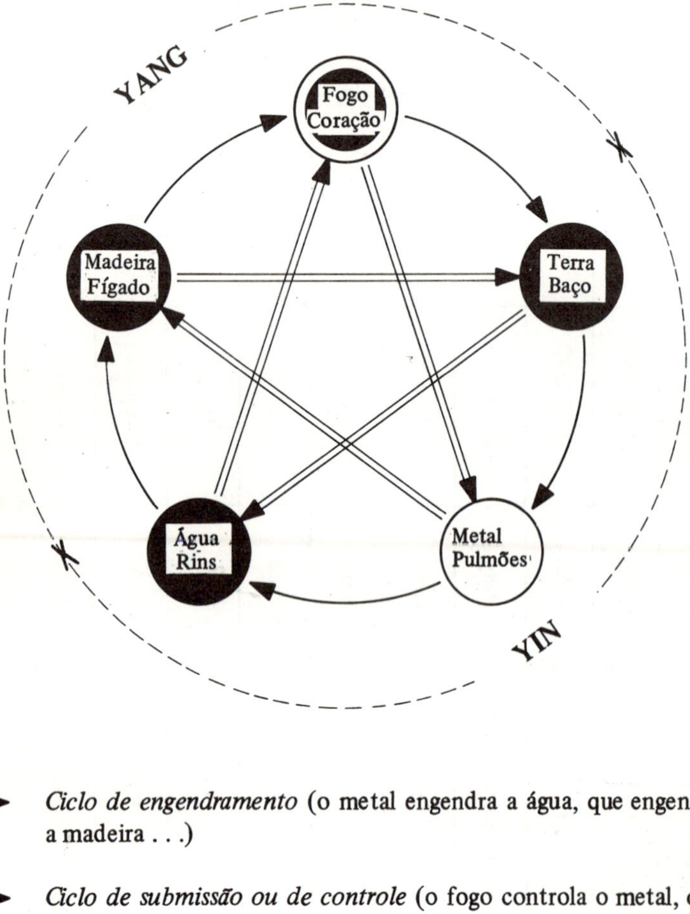

—▶ *Ciclo de engendramento* (o metal engendra a água, que engendra a madeira . . .)

═▶ *Ciclo de submissão ou de controle* (o fogo controla o metal, que controla a madeira, que controla a terra, que controla a água, que controla o fogo . . .)

No domínio da psicologia da ação, os 5 elementos correspondem a atitudes:

Madeira: aumento das forças vitais, desenvolvimento
Fogo: atividade dinâmica, plenitude
Terra: atividade de conservação
Metal: paciência e resistência, demora
Água: atividade nutridora e fortificante, escondida.

4) A quarta parte do diagrama (círculo branco) representa o homem ao mesmo tempo originário do céu (pai) e da terra (mãe). Simultaneamente yin e yang, masculino e feminino, intuição (yin) e criação (yang), ordem (yin) e não determinado (yang), tradição (passivo) e imaginação (yang).

5) O último representa o mundo materializado das "dez mil coisas" e das "dez mil formas" originárias do Tao. É também o mundo da perpétua mudança (correspondente à noção de impermanência dos budistas). As transformações do Tao seguem ciclos regulares que mesclam yin e yang, os 5 elementos, o céu, o homem e a terra, sendo enfim o estudo dessas mudanças o objeto da adivinhação e da astrologia chinesas. Apenas o próprio Tao não se altera ou aumenta; sendo o único "valor" estável do universo, ele não é afetado pelas ambições egoístas dos "dez mil seres".

Os Números

O estudo dos números segundo a filosofia dos taoístas pode, evidentemente, ser vinculado com o estudo dos símbolos ou emblemas. Nós o separamos apenas com o fim de esclarecer que o estudo da numerologia taoísta não se refere, em absoluto, à aritmética, à geometria ou às ciências físicas.

O 1 representa o céu (o um).

O 2 representa a terra (a dualidade yin/yang).

O 3 representa o homem (originário do céu e da terra 1 + 2 = 3).

O 10 representa a qualidade e os seus múltiplos, a qualidade inumerável, como os 10.000 seres.

Assim, para os antigos taoístas, os números representam antes qualidades que quantidades. Cada número tem um poder de descrição. Eis a descrição das correspondências chinesas entre os números, as palavras e os símbolos.

1. O único – o sopro vital (chi).
2. A dança cósmica do yin e do yang.
3. O homem – a poesia.
4. As 4 direções.
5. Os 5 elementos – as 5 essências.
6. O velho yin.
7. O jovem yang.
8. O jovem yin.
9. O velho yang – a ação.

A sabedoria é a ação perfeita em consonância com o céu (9 x 9 = 81).

Eis por que o *Tao-Te King* e o *Nei Ching* têm 81 capítulos.

Uma outra simbologia numerológica utiliza os diagramas de Fu Hi e do rei Wen; nós a abordaremos adiante a propósito do estudo do *I Ching* e da numerologia.

Capítulo 2

OS OITO TRIGRAMAS DO *I CHING*

I Ching, O Livro das Mutações

> "Quando falais de uma coisa,
> sua essência vos escapa."

A origem do velho livro chinês das mutações se perde na noite dos tempos. Confúcio já lhe atribuía 3.000 anos, o que situaria a sua origem no ano 5000 a.C.

Seja como for, as fórmulas do *I Ching* foram usadas na China antiga com vistas ao desenvolvimento de ciências tão diversas quanto a astronomia, a adivinhação, a medicina, as artes taoístas, como o tai chi chuan, a astrologia, a geomancia, a quiromancia, etc.

O valor do *I Ching* reside no fato de ele associar certas situações opostas sob todos os aspectos possíveis, usando assim o sistema binário, que não é senão o código empregado pelos modernos computadores.

As más línguas chegam mesmo a pretender que Leibnitz teria extraído suas "descobertas" do *I Ching*!

Cronologicamente, o *I Ching* se compõe sobretudo de cartas que opõem figuras de três traços, os trigramas: as cartas de Fu Hi e do rei Wen. Nós as estudaremos nos capítulos seguintes.

Depois vem o conjunto das combinações de seis traços em hexagramas segundo as 64 possibilidades.

Hexagrama 1

Hexagrama 2

Hexagrama 3

etc.

Vêm em seguida os comentários: em primeiro lugar, os comentários simbólicos, por vezes sibilinos, e depois os comentários taoístas ou confucionistas, dotados, sobretudo os últimos, de referências morais ou moralizantes próprias. Por último, vêm os comentários sobre os comentários e as discussões.

Muitos se indignaram com a utilização do *I Ching* para fins divinatórios. Esses escrúpulos intelectuais não embaraçam os adivinhos orientais, nem tampouco os estudantes taoístas, que não hesitam em consultar o *I Ching* sempre que lhes aparece um problema particular; isso não significa, no entanto, que eles desrespeitem o grande livro, ao qual prestam homenagem através de um pequeno ritual cujo objetivo secundário é permitir a manifestação da atenção adequada.

O filósofo C. G. Jung disse que, além de não se enganar jamais, o *I Ching* retira do subconsciente as respostas apropriadas.[1] Mas existem várias formas de pedir conselho ao *I Ching*:

– o método mais conhecido, mas também o mais longo, é o das varetas de milefólio;[2]

– o segundo método, mais popular, utiliza três moedas;

– o terceiro método, menos conhecido, se baseia na astrologia e na numerologia, exigindo cálculos complexos e a hora exata de nascimento do consulente.

Esses três métodos fundamentam-se sobretudo nos comentários do *I Ching*.

– o quarto método é muito usado pelos adivinhos chineses profissionais. Ele se apóia numa análise-observação da situação e na numerologia, permitindo estabelecer um hexagrama de adivinhação sem o suporte de objetos exteriores – moedas, varetas. Esse método reforça a faculdade de observação e, com a prática, proporciona um conhecimento profundo dos hexagramas e da lei dos 5 elementos.

A Escola dos Números

Um dos primeiros métodos de adivinhação foi a leitura dos desenhos formados numa carapaça de tartaruga rachada pelo calor, assim como a leitura do solo crestado pela seca. Esses métodos são chamados de simbólicos por se apoiarem na significação das formas. Mais tarde, sob a influência do *I Ching*, surgiu a escola dos números, que a cada número atri-

1. C. G. Jung: *L'homme et ses symboles*.

2. *I Ching*: tradução Wilhelm (Librairie de Médicis); Editora Pensamento, São Paulo.

buía uma significação relativa aos pontos cardeais, ao yin e ao yang, aos 5 elementos (madeira, fogo, terra, metal e água); depois apareceram as formas mais supersticiosas, que atribuíram aos números um valor benéfico ou maléfico.

O *Ta Tchuan*, ou grande comentário do *I Ching*, esclarece:

> O céu é um, a terra é dois, o céu, três, a terra, quatro, o céu, cinco, a terra, seis . . .

Assim, os números ímpares são yang, sendo representados pelo sinal —. Os números pares são yin e a sua representação é feita pelo sinal – –.

Já enumeramos na primeira parte as características do yin e do yang:

Yang: quente – ativo – masculino – energia . . .

Yin: frio – passivo – feminino – matéria.

O taoísmo – e, em particular, o taoísmo mágico – utilizará os números para codificar os sistemas de respiração da ioga chinesa. Os movimentos se efetuam três, nove, trinta e seis ou cinqüenta vezes,[3] atribuindo-se assim um valor efetivo aos números.

O mais célebre dos filósofos relacionado com os números e com o *I Ching* foi Chao Yung, que viveu por volta do ano mil da nossa era. Sua obra divinatória é conhecida pelo nome de "o método das flores de ameixeira". Esse nome curioso foi dado em homenagem à primeira previsão realizada por Chao Yung.[4]

O método que explicamos neste livro provém das fórmulas de Chao Yung e nos foi ensinado por um adivinho chinês.

Chao Yung também foi autor de um tratado de filosofia e de uma disposição circular e quadrada dos sessenta e quatro hexagramas do *I Ching*.

3. *Taoist yoga*, de Ku Kwan Yu (Rider, Londres).

4. *I Ching Numerology*, de Da Liu (Harper and Row – Nova York).

O Valor do *I Ching* Divinatório

Ao contrário de muitos sistemas de adivinhação, o *I Ching* não responde à questão levantada por uma fórmula alienante que impõe um destino, fazendo-o através de um ou de vários conselhos de sabedoria e de orientações possíveis.

O *I Ching* representa um esforço (ou uma intuição) do espírito no sentido de compreender as leis que regem o universo.

Quais são, portanto, as leis consideradas no *I Ching*?

A filosofia taoísta nos ajudará a compreendê-las, muito embora a sua formulação seja posterior à elaboração do *I Ching*.

Nos apêndices do *I Ching*, afirma-se:

> Um yin e um yang constituem o Tao.
>
> O *I Ching* é um livro importante e vasto, contendo o Tao do céu, o da terra e o do homem. Ele combina essas três forças primordiais e as duplica. Eis por que possui seis linhas. Essas seis linhas nada mais são que o Tao dessas três forças primordiais.

Para o *I Ching*, existe uma única diferença de manifestação entre a matéria e a energia. O filósofo Wang Fi (cerca de 200 a.C.) escreveu:

> A mutação não pode controlar a mutação. O que controla a mutação é o um absoluto.

Um esquema resume as concepções taoístas: o tai chi tu ou esquema da realidade suprema (ver página 13).

Os Trigramas

Os trigramas do *I Ching* são formados por três traços que ora são de simbologia yin (– –), ora de simbologia yang (—). Eles são escritos de baixo para cima.

Por exemplo:

———
— —
———

Portanto, em termos matemáticos, existem apenas oito possibilidades de combinar yin e yang em trigramas. Ei-las:

———
——— O céu, o criador
———

— —
— — A terra, o receptor
— —

— —
— — O trovão, o incitador
———

———
— — A montanha, o imobilizador
— —

— —
——— A água, o abissal
— —

———
— — O fogo, o aderente
———

O lago, o venturoso

O vento, o penetrante

Assim, como diz Chung Hua:

> Os oito trigramas são estabelecidos para se observarem as mudanças cósmicas nas operações entre a força positiva (yang) e a força negativa (yin).

O traço de baixo representa a terra, o do centro, o homem e o de cima, o céu.

Assim:

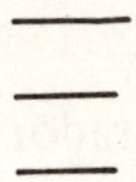

Céu

Homem

Terra

Como então vincular os trigramas com os números?

A questão seria inoportuna, pois os trigramas chegaram a nós justamente numa forma já classificada: a carta de Fu Hi e a do rei Wen.

Essa carta de Fu Hi, muitas vezes denominada a carta do "céu anterior", parece convir à nossa lógica. Com efeito, cada trigrama confronta o seu oposto. Por exemplo:

O fogo 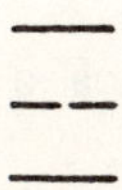 confronta a água 

O céu  confronta a terra 

Do mesmo modo, uma ordem lógica parece dirigir a sucessão dos trigramas:

A disposição do lendário imperador Fu Hi baseia-se efetivamente nos movimentos do céu e das estações.

A carta do rei Wen, que utilizaremos no método astrológico, não tem uma explicação tão fácil. Alguns filósofos chineses chegaram mesmo a acreditar que ela fosse uma revelação incompreensível para os homens.

Trata-se de uma continuação da carta de Fu Hi, mas relativa aos movimentos observados pelo homem com referência ao seu ambiente.

Para os filósofos chineses do *I Ching*, as duas disposições dos trigramas correspondem ao yin e ao yang do universo:

– a disposição do Fu Hi indica a abstração (céu anterior);

– a disposição do rei Wen indica a concretização (céu posterior).

Esses termos terão uma profunda aplicação em diversos caminhos mais pragmáticos, como a medicina chinesa: fala-se do "céu anterior" para indicar a hereditariedade, e

A CARTA DE FU HI

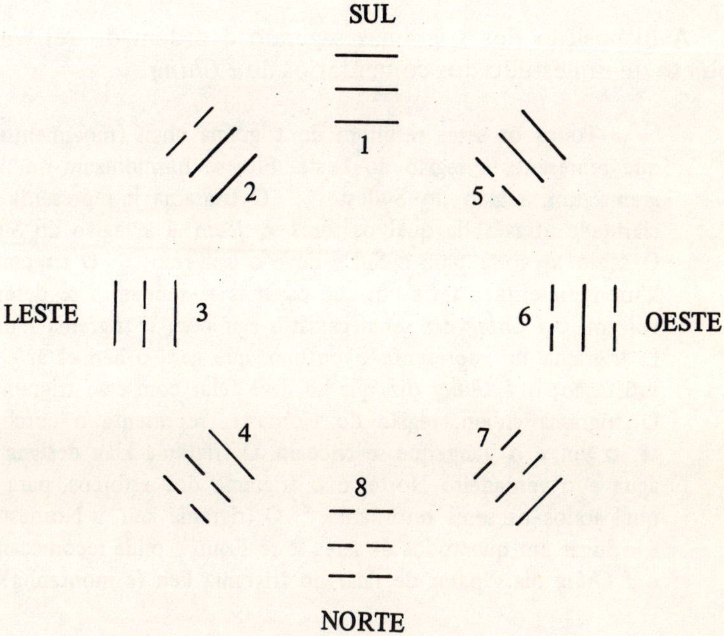

do "céu posterior" para designar as energias obtidas através do alimento e da respiração.[5]

Em seus comentários,[6] o *I Ching* descreve o mistério que reina na origem do universo:

> O extremo limite do mistério do universo existe nos trigramas. A lembrança do abalo do universo subsiste nos trigramas.

A disposição do rei Wen constitui a passagem da ordem abstrata e linear para a ordem concreta. O filósofo budista Lama Anagarika Govinda descreveu de modo esquemático a passagem dos trigramas da ordem de Fu Hi para a de Wen.[7]

A disposição dos trigramas segundo a ordem do rei Wen é objeto de um estudo dos comentários do *I Ching*.

> Todos os seres resultam do trigrama chen (movimento), que representa a região do Leste. Eles se harmonizam no trigrama sun, região do Sudeste ... O trigrama li representa a claridade através da qual os seres se vêem; é a região do Sul. O sábio se volta para o Sul e ouve o universo ... O trigrama k'un representa a terra em que os seres se reúnem e se desenvolvem; o *I Ching* diz ser necessário agir com o trigrama k'un. O trigrama tui representa o outono, que gera o bem-estar e a satisfação; o *I Ching* diz que se deve falar com esse trigrama. O trigrama ch'ien, região do Noroeste, representa o combate, o yin e o yang que se chocam. O trigrama k'an designa a água e o verdadeiro Norte; é o trigrama dos esforços, para o qual todos os seres retornam ... O trigrama ken, a Nordeste, é o lugar em que todos os seres se realizam e onde recomeçam; o *I Ching* diz: "parar de falar no trigrama ken (a montanha)".

5. Ver *Les secrets chinois de longue vie*, de G. Edde, Éditions Encre.

6. Tradução inédita.

7. *The Inner Structure of the I Ching*, Lama Anagarika Govinda, Wheelwright Press Book, Tóquio, Nova York.

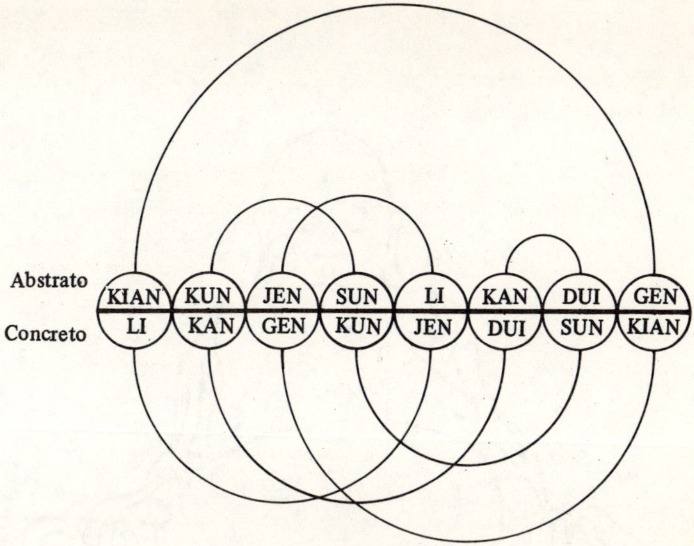

A CARTA DO REI WEN

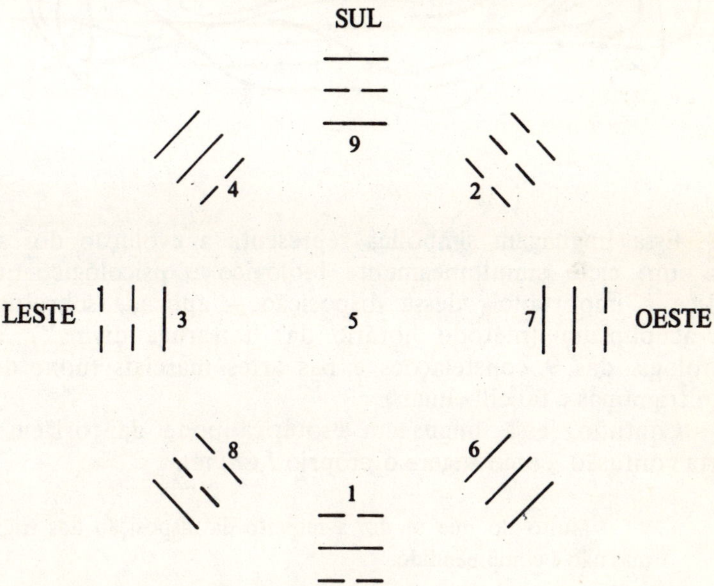

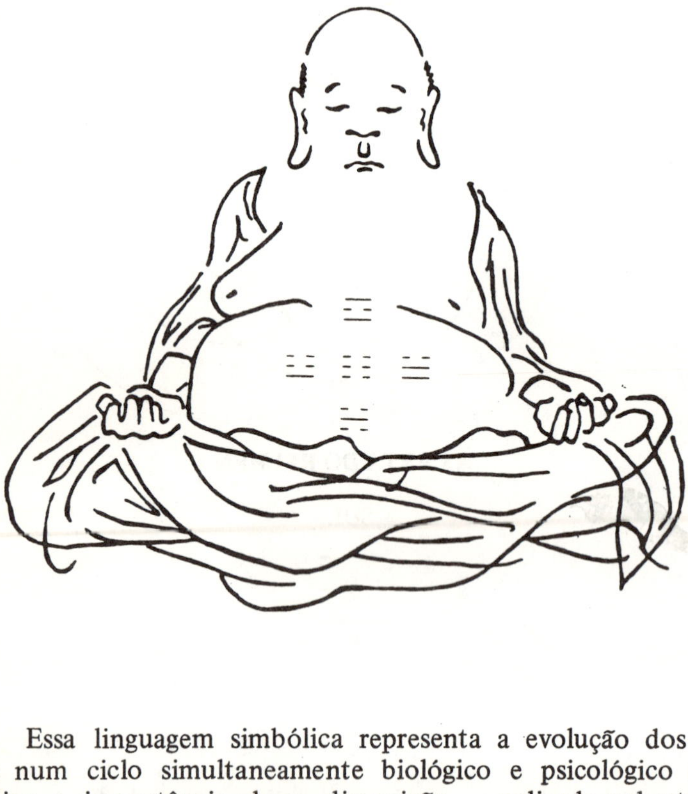

Essa linguagem simbólica representa a evolução dos seres num ciclo simultaneamente biológico e psicológico que indica a importância dessa disposição – aplicada sobretudo na acupuntura (método horário da "tartaruga divina"), na astrologia das 9 constelações e nas artes marciais (boxe dos oito trigramas e tai chi chuan).

Contudo, essa linguagem esotérica pode dar origem a certa confusão, como sugere o próprio *I Ching*:

> Muito do que se diz a respeito da disposição dos trigramas não é compreendido.

O *Su Wen*, um dos mais antigos clássicos da acupuntura, já associava os oito trigramas com os 5 elementos (ver adiante o nosso estudo sobre os trigramas e os 5 elementos).

> O Imperador Amarelo pergunta: por que existem oito ventos no céu e apenas cinco no corpo?
>
> Chi Po replica: Os oito ventos provocam a doença ao entrarem na energia dos meridianos e ao tocarem os cinco órgãos . . .
>
> O Leste cria o vento, o vento gera a madeira, que cria o sabor ácido e gera o fígado . . .
>
> O Sul cria o calor, que alimenta o fogo; o fogo cria o sabor amargo e gera o coração.
>
> O Oeste cria a seca, que, por sua vez, cria o metal, que cria o sabor picante, que gera os pulmões . . .
>
> O Norte cria o frio, que, por seu turno, cria a água, que cria o sabor salgado, que gera os rins . . .
>
> O Centro cria a umidade e a terra, que cria o sabor doce, que gera o baço.

O termo "vento" designa os oito trigramas do *I Ching*; ele denota antes uma influência – celeste – do que um verdadeiro vento. Do mesmo modo, as palavras "úmido, frio, seco, etc." implicam uma noção de doença e de energia climática que provocam certo tipo de perturbações no corpo: enfermidades do frio, da umidade, etc.

Durante a dinastia dos Han, o sistema dos oito trigramas foi associado com o dos cinco elementos simbólicos.

A dinastia do rei Wen cedo foi associada, de uma forma numerológica, com o quadro mágico das "9 constelações" e dos "9 palácios". Basta substituir cada trigrama pelo seu valor numérico e colocar no centro o número 5 associado com o Centro na simbologia chinesa.

Então, se se faz uma adição na horizontal, na vertical ou em diagonal, obtém-se sempre 15. Esse quadrado mágico pertence à lenda do *Lo Shu* – o manuscrito do rio Lo –, encontrado pelo imperador no dorso esculpido de uma tartaruga.

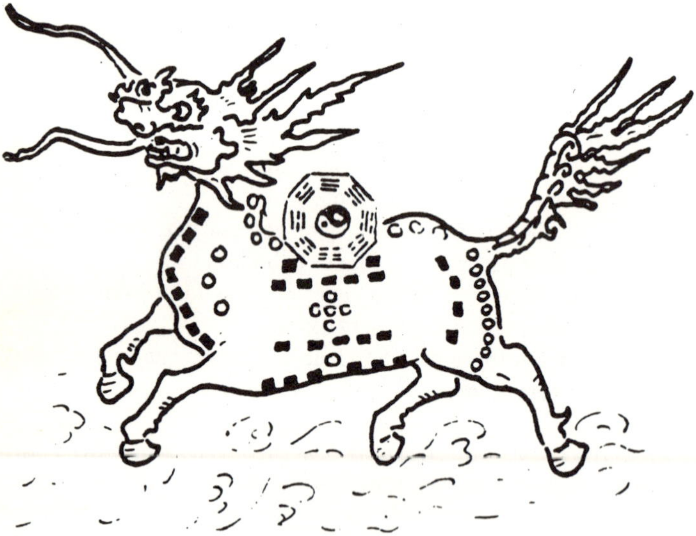

Cavalo-Dragão de Fu Hi

O rei Wen também classificou os trigramas em relação à ordem da família.

Os trigramas que contêm um único yin (— —) ou três yin são femininos.

Os trigramas que contêm um único yang (—) ou três yang são masculinos.

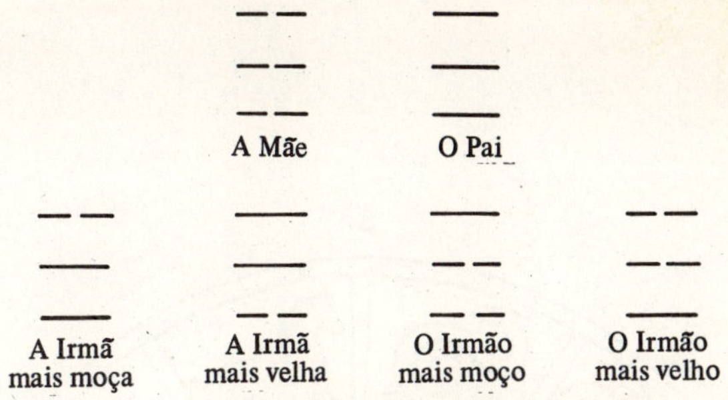

OS NOVE PALÁCIOS

PALÁCIO	DIREÇÃO	ANATOMIA
LI	SUL	PEITO – GARGANTA CABEÇA – ROSTO
K'AN	NORTE	MEMBROS – QUADRIS – ABERTURAS INFERIORES
CHEN	LESTE	CAIXA TORÁCICA – LADO ESQUERDO
TUI	OESTE	CAIXA TORÁCICA – LADO DIREITO
PALÁCIO CENTRAL	CENTRO	AS 6 VÍSCERAS (FU) E OS 3 ÓRGÃOS SITUADOS SOB O DIAFRAGMA
SUN	SUDESTE	MÃO ESQUERDA
S'UN	SUDOESTE	MÃO DIREITA
KEN	NORDESTE	PÉ ESQUERDO
CH'IEN	NOROESTE	PÉ DIREITO

Representação tibetana dos oito trigramas, dos doze animais simbólicos e dos 9 palácios (no centro)

O grande comentário tradicional do *I Ching* associará – de uma maneira ao mesmo tempo complexa e imagética – cada trigrama com símbolos, idéias e objetos. Essas associações comporão a base da utilização dos trigramas na adivinhação, na medicina tradicional e na astrologia; elas constituem a linguagem básica de uma espécie de computador que permite compreender o universo em vários níveis.

Remetemos o leitor às especulações – às vezes luminosas, mas com muita freqüência "confusas" – dos livros ocidentais sobre o assunto. Quanto a nós, contentamo-nos com os dados da tradição presentes no quadro seguinte.

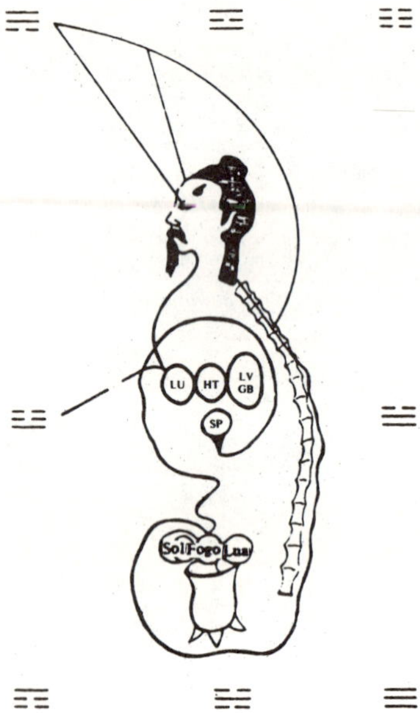

OS CINCO ELEMENTOS

A importância atribuída pelos taoístas aos cinco elementos é reencontrada no seu esquema de explicação do universo: o *Tai Chi Tu*. O yin e o yang combinam a sua ordem/iluminação para determinar a direção das coisas, mas o preto e o branco só se misturam para formar o cinza. É necessário enfatizar, dar cor à vida; os chineses tentaram explicar isso na teoria dos 5 elementos. Uma teoria bem próxima da realidade, concreta e ingênua, mas prodigiosamente eficaz: fundada na marcha diária do sol e nas estações.

A madeira (1º elemento) gera o fogo (ao queimar), que gera a terra (as cinzas), de onde sai o metal, que, em fusão, dá origem à água (o líquido), que alimenta as raízes da madeira.[8]

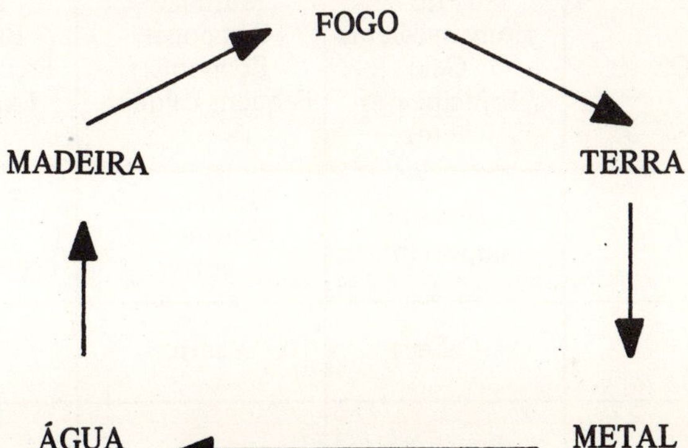

CICLO FAVORÁVEL DE GERAÇÃO DOS ELEMENTOS

8. Para maiores detalhes, ver *Traité didactique d'acupuncture traditionnelle*, André Falbert (Éditions Trédaniel).

CORRESPONDÊNCIA

TRIGRAMA	☰	☷	☳
NOME CHINÊS	CH'IEN	K'UN	CHEN
FENÔMENO NATURAL	CÉU	TERRA	TROVÃO
SIGNIFICANTE	Criador	Receptivo	Incitador
FAMÍLIA	Pai	Mãe	Filho mais velho
ELEMENTO	METAL	TERRA	MADEIRA
DIVERSOS	Frio Homem célebre Gelo Príncipe protetor	Multidão Camponês Economia Pequena caldeira	Raio Estrada Precipitação Expansão
SENTIDO	Homem importante	Mulher ou homem do povo	Homem jovem (30-45 anos)
CORPO	Cabeça	Ventre	Pé
MÊS	Fim do outono OUTUBRO	Fim do verão NOV. JUNHO JULHO	Primavera MARÇO ABRIL
DIREÇÃO	Sudoeste	Noroeste	Leste
SIGNO ASTROLÓGICO	Porco Cão	Carneiro	Lebre

DOS TRIGRAMAS

☵	☶	☴	☲	☱
K'AN	KEN	SUN	LI	TUI
ÁGUA	MONTANHA	VENTO	FOGO	LAGO
Abissal	Imobilizador	Penetrante	Aderente	Serenidade
Filho do meio	Filho caçula	Filha mais velha	Filha do meio	Filha caçula
ÁGUA	TERRA	MADEIRA	ÁGUA	METAL
Marinheiro Condutor Oculto Ladrão Queda	Anão Cão Gato Empregado	Trabalho Indecisão Ofensiva e retirada	Soldado Estudante Sol Seca	Mágica Vizinha Concubina O pântano Satisfação
Homem jovem (20-35 anos)	Homem jovem (17-25 anos)	Comerciante Mulher de meia-idade	Mulher de meia-idade	Mulher jovem
Orelha Coração	Nariz-Baço Mão e dedos	Pernas	Olhos	Boca e língua
Inverno NOV. DEZ. JANEIRO	Fim do out. começo do inverno JANEIRO FEVER.	ABRIL MAIO	Verão MAIO JUNHO	Outono AGOSTO SETEMBRO
Norte	Nordeste	Sudeste	Sul	Oeste
Rato	Boi	Dragão Serpente	Cavalo	Galo

Aplicada às estações, a teoria dos cinco elementos se justifica plenamente: a primavera (madeira) gera o verão (o fogo), que gera o fim do verão (a terra), que engendra o outono (o metal), que engendra o inverno (a água), etc.

A teoria dos 5 elementos se aplica à agricultura, à medicina, à higiene, aos exercícios corporais,[9] à alimentação . . .[10]

O ciclo que acabamos de descrever é denominado ciclo de geração, isto é, um círculo favorável que pode ser resumido como mostra a figura da página 39.

Outro ciclo exerce sua ação de maneira simultânea: é o ciclo de controle, que tem uma ação restritiva e muitas vezes desfavorável, pelo menos nas previsões, já que, na natureza, ele exerce uma ação normal e necessária de controle.

Ele se exprime assim:

A água apaga o fogo, o fogo funde o metal, o metal corta a madeira, a madeira retém a terra, a terra retém a água, a água apaga o fogo. . .

Esse ciclo é representado da seguinte forma:

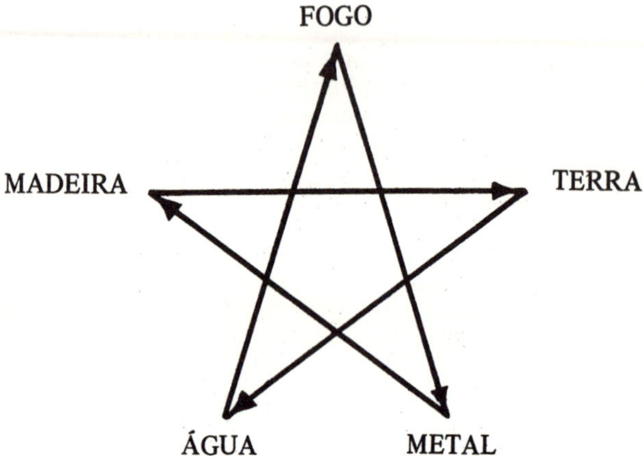

CICLO DE CONTROLE DE DESTRUIÇÃO

9. Wsing I: Yo Tsi.

10. *Le Tao de la Santé* (Éd. L'Originel).

Também é possível que algumas vezes o elemento que deve ser controlado se volte contra o seu mestre e o ataque; trata-se do ciclo de injúria, nefasto em adivinhação:

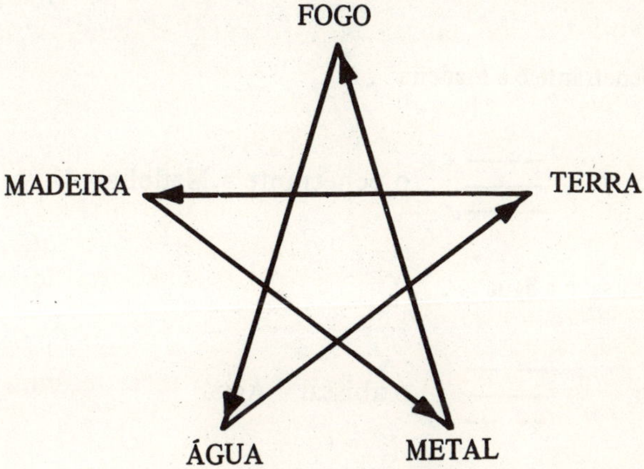

CICLO DE INJÚRIA

Assim, como vincular os cinco elementos com os oito trigramas do *I Ching*?

A resposta aparece no Chuo-Hua ou "discussão sobre os trigramas":

O criador é o céu. . . ele é o pai, o metal. . .

Portanto, ☰ o criador = metal

O receptor é a terra . . .

Portanto, ☷ o receptor = Terra

O incitador é o dragão . . . o jovem bambu . . .

Portanto, ☳ o incitador = Madeira

O penetrante é a madeira . . .

Portanto, ☴ o penetrante = Madeira

O abissal é a água . . .

Portanto, ☵ o abissal = Água

O aderente é o fogo. . .

Portanto, ☲ o aderente = Fogo

O imobilizador é a montanha . . .

Portanto, ☶ o imobilizador = a Terra

O venturoso é o lago . . .

Portanto, ☱ o venturoso = a Água

Essa resposta segue, de modo plenamente lógico, a ordem estipulada na carta do "céu posterior" do rei Wen. Retomemos essa carta, acrescentando-lhe as estações:

– o verão corresponde ao sul;
– a primavera corresponde ao leste (o yang – sol aparece);
– o outono corresponde ao oeste (o ocaso);
– o inverno corresponde ao norte.

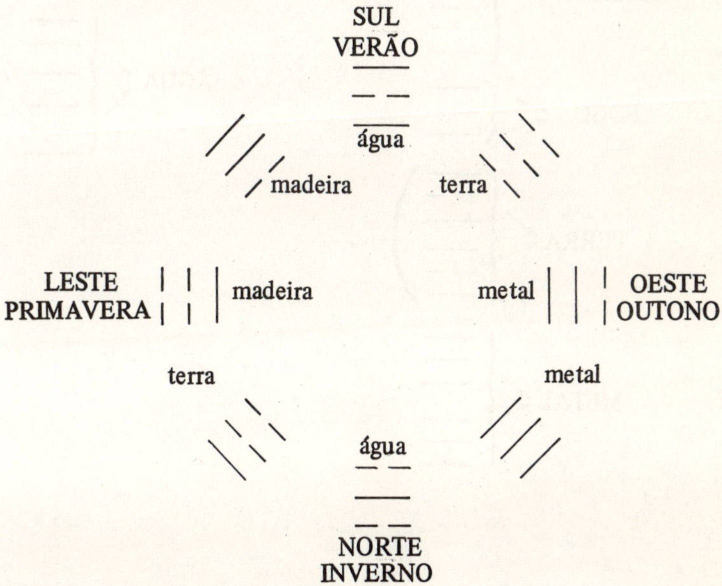

A CARTA DO REI WEN E OS CINCO ELEMENTOS

A posição da terra no final do inverno pode surpreender o leitor. Contudo, essa localização se justifica, embora a explicação nos leve a aprofundar-nos demasiado nas sutilezas do pensamento chinês. Aceitemos, pois, essa carta tal como é.[11]

Assim, os trigramas se vinculam com os elementos da seguinte forma:

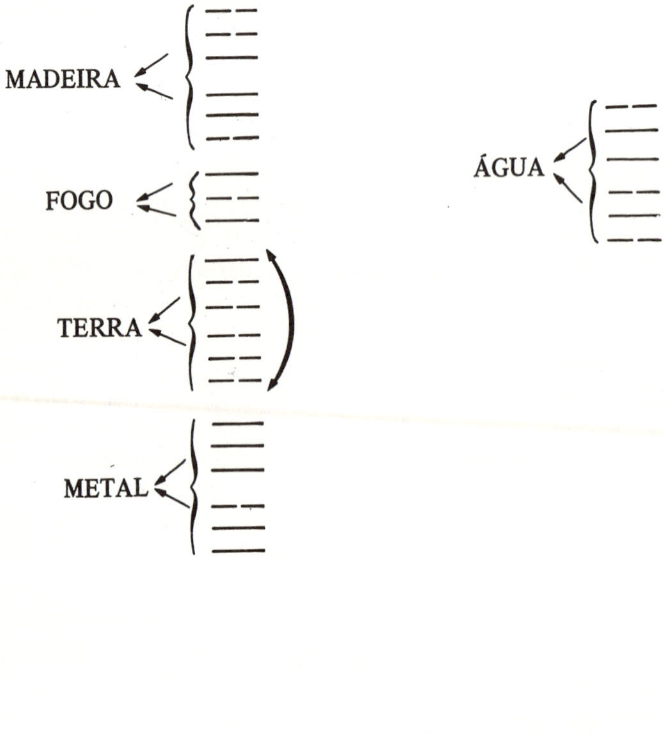

Dispomos agora de todos os elementos necessários à abordagem da prática do *I Ching* pela astrologia.

11. Ver *Yi-King*, tradução de Wilhelm (Librairie de Médicis, Paris); *I Ching, o livro das Mutações*, Editora Pensamento, S. Paulo.

Capítulo 3

A ASTROLOGIA DAS NOVE CONSTELAÇÕES

As Astrologias Chinesas e o Chamado "Zodíaco" Chinês

No Ocidente, os signos astrológicos chineses começam a aparecer de modo marcante; todos sabem hoje que esses signos estão ligados ao ano de nascimento e que têm nomes de animais. Por exemplo, todos os nativos de 1947 são do signo do porco.

Mas é menos conhecido o fato de que esses nomes de animais não constituem, de forma alguma, a verdadeira astrologia chinesa tradicional, já que foram importados pela China bastante tardiamente, junto com o budismo, por volta do século VII d.C. Essa simbologia zoológica seria originária do Tibete ou do norte da Índia.

Além disso, é muito difícil falar de astrologia chinesa, pois os astros em questão não são mais que símbolos de energias em movimento segundo ciclos particulares com que estão familiarizados os acupunturistas, e não astros cujas posições são determinadas com base em efemérides. Pelo menos é o que ocorre com os cinco mais importantes sistemas de astrologia em uso na China, que se baseiam no antiqüíssimo livro das mutações: o *I Ching*.

Embora utilizem ciclos diferentes, essas cinco astrologias empregam o simbolismo dos trigramas do *I Ching*, as leis do yin e do yang, a teoria dos cinco elementos, ou, como se diz agora, dos cinco movimentos. A maioria deles se fundamenta no calendário perpétuo Kia Tsé dos troncos celestes e dos ramos terrestres, assim como nos 24 passos lunares, cujo estudo mais completo no plano fisiológico foi realizado pelos acupunturistas Nguyen Van Ghui, Kespi e Gourion.

Esses cinco sistemas tradicionais de astro-ritmologia são: a astrologia das 9 constelações, a astrologia Tsu Wei, a astrologia Tsu Ping (do nome dos mestres astrólogos taoístas), a astrologia do Tai Yi (da luz suprema) e a grande astrologia do *I Ching*, a mais complexa, que atribui um kua (hexagrama) de nascimento em função do ano, do mês lunar, do dia e da hora de nascimento.

Não obstante, existem na China alguns sistemas menos conhecidos de astrologias que se baseiam no movimento real dos astros, em particular no sistema das casas ou domicílios lunares, sumariamente descrito pelo astrólogo Volguine (em seu livro sobre a astrologia publicado por Dervy-Livres).

Portanto, o sistema das associações dos animais com anos e horas de nascimento é um método tardio cujo primeiro vestígio escrito pode ser encontrado no Luen de Wang Chun (567 d.C.):

... A madeira é associada ao tigre ... a terra, ao cão ... e ao búfalo ... a água é associada ao porco ... o fogo, à serpente e ao cavalo ... a água, por outro lado, é associada ao rato ... Diz a lenda que o Buda apareceu aos animais e lhes prometeu atribuir o seu nome a um ano se eles aceitassem prestar-lhe homenagem. Apenas doze animais se apresentaram a ele e nesta ordem: o rato, o búfalo, o tigre, a lebre, o dragão, a serpente, o cavalo, o carneiro, o macaco, o galo, o cão e o porco selvagem. Embora a simbologia dos animais possa algumas vezes ajudar o astrólogo oriental, os verdadeiros mestres da astrologia chinesa pouco se interessam pelos 12 animais.

Eis, contudo, uma lista não exaustiva das principais características do ciclo animal de doze anos. Para as datas de nascimento entre 20 de janeiro e 20 de fevereiro, é preciso verificar a data do Ano Novo chinês do ano de nascimento.

Pode-se dar uma segunda informação sobre a personalidade do nativo pela hora de nascimento (as horas chinesas representam duas das nossas horas).

Alguns astrólogos orientais ensinam que o ano de nascimento corresponde a características gerais da personalidade, enquanto a hora de nascimento esclarece tendências mais íntimas.

Eis o quadro das horas e a sua relação com os emblemas animais:

De 23 h a 1 h da manhã	hora do rato
De 1 h da manhã à 3 h	hora do búfalo
De 3 h a 7 h	hora do tigre
De 7 h a 8 h	hora da lebre
De 8 h a 9 h	hora do dragão
De 9 h a 11 h	hora da serpente
De 11 h a 13 h	hora do cavalo
De 13 h a 15 h	hora da cabra
De 15 h a 17 h	hora do macaco
De 17 h a 19 h	hora do galo
De 19 h a 21 h	hora do cão
De 21 h a 23 h	hora do porco

Trata-se, naturalmente, do horário local, devendo-se, portanto, atentar para os horários de verão e fazer a habitual retificação de longitude.

É preciso assinalar aqui que, nesse tipo de astrologia, alguns adivinhos determinam a hora do nascimento pela hora correspondente de Pequim.

Não partilhamos a mesma opinião, pois parece que as sucessões de horas representam também a sucessão dos ciclos do yin e do yang em relação ao sol, sem mencionar que a China não é mais o "centro do mundo", como se pensava na época!

Vamos substituir agora o zodíaco animal por estudos mais profundos de astrologia chinesa.

AS ASTROLOGIAS CHINESAS

A astrologia das nove constelações: ver mais adiante.

LISTA DAS CORRESPONDÊNCIAS DOS ANOS LUNARES – SOLARES

CICLO ANIMAL	Qualificações	CICLO DOS ANOS SOLARES									
CAMUNDONGO OU RATO	Economia, minúcia, avidez, ordem, oportunismo, mercantilismo	1888	1900	1912	1924	1936	1948	1960	1972	1984	1996
BÚFALO	Labor, encarniçamento, resistência, energia, perseverança	1889	1901	1913	1925	1937	1949	1961	1973	1985	1997
TIGRE	Vitalidade, autoridade, magnetismo, prestígio, segurança, inércia	1890	1902	1914	1926	1938	1950	1962	1974	1986	1998
GATO	Calma, equilíbrio, reflexão, sabedoria, discrição, profundidade	1891	1903	1915	1927	1939	1951	1963	1975	1987	1999
DRAGÃO	Virtuosidade, extravagância, imprevisibilidade, originalidade	1892	1904	1916	1928	1940	1952	1964	1976	1988	2000
SERPENTE	Prudência, cálculo, maquiavelismo, hermetismo, previdência	1893	1905	1917	1929	1941	1953	1965	1977	1989	2001
CAVALO	Mobilidade, tenacidade, rapidez, caráter aventuroso, oscilação	1894	1906	1918	1930	1942	1954	1966	1978	1990	2002
CABRA	Sensualidade, arte, sonho, contemplação, dependência, amadorismo	1895	1907	1919	1931	1943	1955	1967	1979	1991	2003
MACACO	Habilidade, flexibilidade, diplomacia, adaptabilidade, pragmatismo	1896	1908	1920	1932	1944	1956	1968	1980	1992	2004
GALO	Combatibilidade, heroísmo, quixotismo, utopia, coragem	1897	1909	1921	1933	1945	1957	1969	1981	1993	2005
CÃO	Fidelidade, constância, devotamento, consciência, rotina, vigilância	1898	1910	1922	1934	1946	1958	1970	1982	1994	2006
PORCO, JAVALI	Epicurismo, materialismo, pacifismo, humorismo, adora segredos	1899	1911	1923	1935	1947	1959	1971	1983	1995	2007

Para as datas de nascimento entre 20 de janeiro e 20 de abril, verificar o início do ano chinês.

A astrologia Tsu Pin, denominada os Oito signos do destino por Jean-Michel de Kermadec (Éditions l'asiathèque), baseia-se na sucessão de ciclos de 12:12 anos, 12 meses, 12 dias e 12 horas; esses ciclos são denominados os 12 ramos terrestres e se baseiam, por sua vez, na sucessão de 10 troncos celestes. Cada ramo ou tronco representa os ciclos da energia da natureza com referência às polaridades yin e yang, bem como à teoria dos cinco elementos. Os troncos e os ramos permitem também fazer considerações e previsões acerca de domínios como a climatologia e a medicina. Os acupunturistas sabem que, através dos troncos e dos ramos, é possível prever as tendências mórbidas de uma estação, o desenvolvimento de uma doença (melhora, agravamento) e as horas de abertura efetivas dos pontos de acupunturas antigas.

Essa astrologia deve seu nome ao célebre astrólogo chinês da dinastia dos Tang, Hsu Tsu Pin, que estabeleceu esse método com base no *I Ching* e nos sistemas dos ramos e troncos. O tema natal desemboca em oito resultados: 4 ramos e 4 troncos – 1 tronco e 1 ramo para o ano de nascimento, para o dia, para o mês lunar e para a hora de nascimento. Esses oito símbolos permitem estudar a compatibilidade entre as pessoas, avaliar a parcela de yin e de yang e a parcela do elemento dominante, bem como estabelecer um calendário de biorritmos.

A astrologia Tsu Wei: Atribui-se a sua invenção ao lendário e imortal taoísta Chen Tuan, que viveu entre o período das cinco dinastias e a dinastia dos Song. Trata-se, sem dúvida, da mais complexa astrologia chinesa; ela estuda a posição de 64 estrelas simbólicas, distribuídas em doze casas que se vinculam com doze zonas de influência. A polêmica travada sobre essa astrologia prende-se às opiniões discordantes sobre se essas estrelas são puramente simbólicas ou reais como querem alguns.

A respeito disso foi publicado *Votre horoscope chinois* [O seu horóscopo chinês], de Thien Duc.

Um sistema simplificado da astrologia Tsu Wei utiliza apenas as treze principais estrelas simbólicas. A interpretação, muito complexa, compara os seguintes dados:

O yin e o yang;
os oito trigramas do *I Ching*;
os ramos e os troncos;
os cinco elementos;
as doze casas;
os quatro pontos cardeais;
as 13 ou as 64 estrelas.

A astrologia do I Ching: Estuda as relações entre os hexagramas do *I Ching* e o ano, o mês, o dia e a hora do nascimento. O hexagrama obtido permite calcular e estabelecer um calendário pessoal que propõe um hexagrama de reflexão para cada um. Esse método, um tanto complexo, favorece a real compreensão da idéia chinesa da mudança permanente, da mutação e da sucessão infinita dos ciclos naturais. O estudo simultâneo do *I Ching* traz ao consulente uma compreensão prática de si mesmo e do velho livro dos taoístas, muito superior ao estudo abstrato dos comentadores sinólogos ocidentais do *I Ching*.

As outras astrologias chinesas. Citemos sem hierarquizar: a astrologia dos 28 domicílios lunares, baseada no movimento da lua em 28 setores do céu. A astrologia dos doze palácios. A astrologia dos cinco planetas ligados aos cinco elementos. A astrologia dos doze animais é um elemento suplementar da astrologia dos oito signos do destino. O princípio básico das astrologias chinesas – e, em particular, das astrologias ligadas ao *I Ching* – é a sucessão de ciclos, cuja origem remontaria a um período em que a terra, o sol, a lua e os outros planetas do sistema solar teriam sido alinhados.

Os astrólogos chineses consideram o universo um sistema ordenado no qual as forças cósmicas agem reciprocamente umas sobre as outras. A terra responde ao céu e o homem harmoniza as duas forças, do mesmo modo como, na medicina chinesa tradicional, este último deve equilibrar o yin e o yang, a energia e o sangue, o corpo e o espírito, que estão ligados essencialmente no absoluto. O céu representa também o espaço e a terra, o tempo relativo. O céu representa a realização e a sabedoria, enquanto a terra representa a aceitação vivida dessa sabedoria. O céu comanda e a terra responde. O mapa astrológico é como uma carta marítima que indica os escolhos a evitar, caso isso ainda seja possível, e as condições meteorológicas do percurso.

O homem é, portanto, o mediador entre a terra e o céu, devendo o alquimista transmutar a matéria em energia para atingir a imortalidade, isto é, a perduração da sua consciência. Ele deve conservar zelosamente o contato entre o yin e o yang que havia no momento do seu nascimento e evitar que o yang retorne para o céu e o yin volte a descer para a terra. A astrologia traça para o homem um caminho pelo qual ele é o único responsável. Paradoxo chinês, a astrologia é ao mesmo tempo determinista e libertária.

Feng Shui: As veias do tigre e do dragão. Não se pode falar de astrologia chinesa sem mencionar o Feng Shui, a geomancia, sempre atuante em Formosa, cujos prédios mais modernos são construídos segundo as regras dessa arte milenar, que leva em conta os pontos cardeais (os chineses inventaram a bússola!), o yin e o yang, os astros, os trigramas do *I Ching*.

O geomancista utiliza uma bússola complexa – o Luo Pan – para determinar as correntes favoráveis do telurismo com vistas à construção de casas, à sua orientação, à orientação do leito do enfermo, às direções em que se pode ter êxito na vida profissional e afetiva, bem como ao lugar telúrico em que se pode entrar em contato com a energia do dragão e do tigre que favoreça a construção de um templo ou a meditação. (Veja exemplo de bússola geomântica na página 54.)

Introdução à Astrologia das Nove Constelações

A astrologia das nove constelações, algumas vezes denominada astrologia dos nove palácios ou das nove casas, baseia-se no estudo dos oito pontos cardeais e do centro. Essa série de ciclos de base 9 lembra numerosos sistemas astroló-

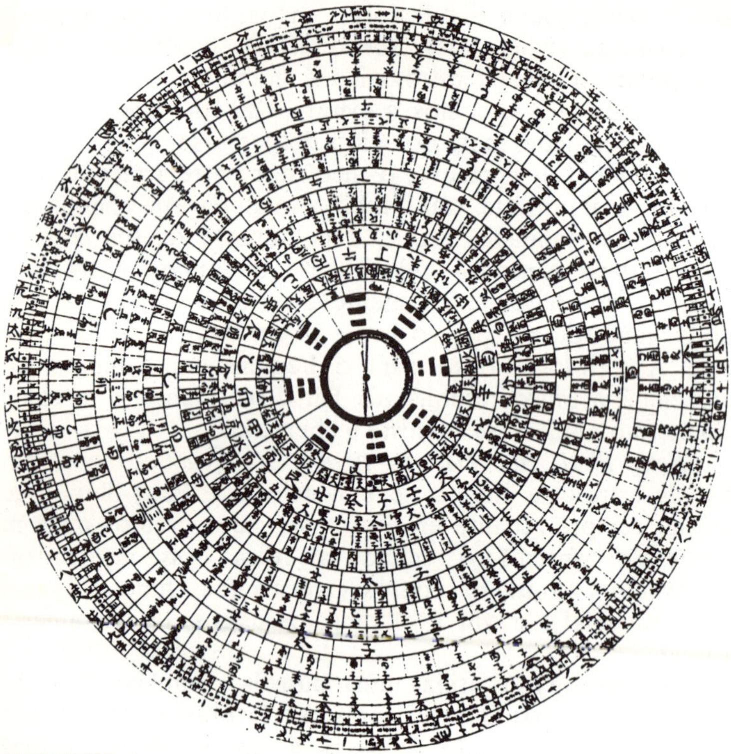

O LUO PAN

gicos e numerológicos ocidentais. A filosofia dos números da China Antiga mostra que uma série de números terminada em 9 representa a mudança, enquanto o dez representa a realização e o estado estável da criação; por exemplo, é o que ocorre com os "dez mil seres".

As estrelas simbólicas em questão são emanações dos nove palácios ou pontos cardeais, disposição imaginária e simbólica do céu que remonta ao astrônomo chinês Zhang Heng e à dinastia dos Han. Essa disposição descreve as oito direções nas quais evolui a estrela polar, o Tai Yi.

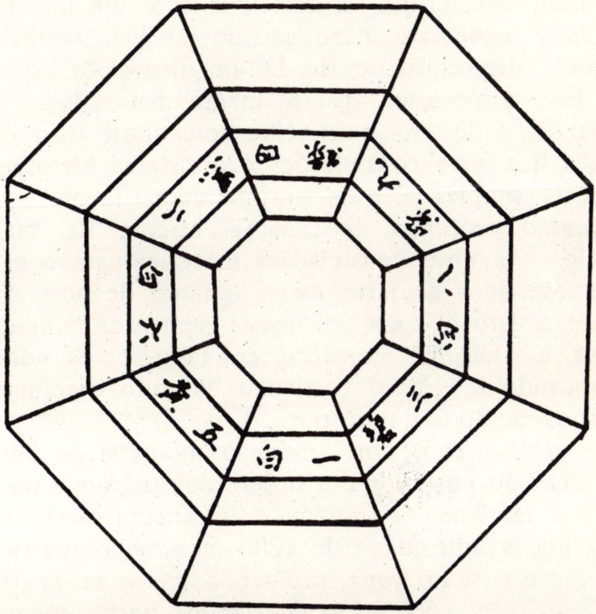

A ASTROLOGIA DAS NOVE CONSTELAÇÕES

Um comentário de um antigo livro de magia chinês esclarece: "Tai Yi é o nome da estrela polar. Ela se move nos oito trigramas do *I Ching*. Depois de percorrer quatro palácios, ela volta ao palácio central, o seu domicílio."

Os oito palácios são denominados Jiukong e o palácio central, Chong Kong; eles correspondem simbolicamente às nove províncias do lendário imperador Yu, o grande. Portanto, cada constelação se relaciona com um dos trigramas do *I Ching* segundo a disposição do rei Wen, também designada como disposição do rio Lo ou disposição do céu posterior. Essa disposição, aparentemente menos lógica do que a do Fu Hi, é descrita num velho comentário do *I Ching*. A astrologia das nove constelações é o sistema astrológico oriental mais simples e mais enriquecedor, favorecendo uma compreensão profunda da filosofia oriental da mudança e dos ciclos. As nove constelações se relacionam com um ciclo de nove anos de nove meses lunares, de nove dias e de nove horas. Isto é, cada um desses elementos temporais corresponde a uma das constelações. Comecemos nosso estudo explicando a posição particular dos oito trigramas segundo a disposição do Céu posterior.

De acordo com uma tradução moderna do almanaque chinês, "O Céu posterior é a ordem dos trigramas do *I Ching* segundo o rei Wen. O trigrama 'céu' encontra-se a noroeste; é assim que a autoridade do filho mais velho substitui a do pai. O céu é o velho yang, razão por que se retira de um lugar em que não agirá mais. O trigrama 'terra' encontra-se a sudoeste; eis por que a autoridade da filha mais velha substitui a da mãe. 'Terra' é o velho yin, que cede seu lugar e não age mais." (Nota: o oeste é o lugar simbólico da morte, no qual o sol se põe e se extingue.)

O trovão pode gerar os dez mil seres; é a estação da primavera e o início do yang. Ele ocupa, portanto, a posição do leste cardeal. O vento, por sua vez, pode nutrir os dez mil seres no momento da chegada do verão; eis por que ele se situa no sudeste. Entre os dez mil seres, nenhum é mais luminoso do que o fogo, estando o yang ao sul em seu zênite.

Dos dez mil seres, nenhum molha como a água; eis a razão da sua localização ao norte, no local em que domina o yin. A oeste se encontram as águas paradas e pantanosas, sendo por isso que o trigrama "pântano" se situa no lugar em que os sopros mortais se acumulam. "Montanha" encontra-se a nordeste; é aí que se cumpre a realização e o início de todas as coisas; é aí que os dez mil seres nascem entre o inverno e o começo da primavera. (Nota: ver a importância da montanha entre os místicos e eremitas taoístas.)

Assim se recupera a origem dos trigramas do rio Lo e o início do yin e do yang, bem como das energias. Desse modo, a disposição dos trigramas segundo o rei Wen explica como as coisas funcionam nesta terra, enquanto a disposição do Fu Hi (ver mais acima) seria o reflexo da vontade original do céu. Pelo menos é o que pensam os taoístas, já que atribuem a realização da "imortalidade" da consciência à disposição de Fu Hi, e o método de chegar a ela, à disposição de Wen. Além disso, essas diversas disposições são consideradas pelos taoístas como revelações: para o Céu posterior, uma tartaruga gigante teria aparecido em Yu, tendo sobre o dorso a figura simbólica do rio Lo, de onde emergiu o animal.

A disposição dos números atribuídos às constelações e aos trigramas forma um quadrado mágico cuja soma é sempre 15:

4 9 2
3 5 7
8 1 6

Resumindo o simbolismo desses números, há um comentário que mais tarde foi retomado pelas escolas de acupuntura tradicional:

> O nove está em cima como um chapéu. O 1 está embaixo como um par de sapatos, o 3 está à direita, o 7, à esquerda, o 2 e o 4 são como os ombros, o 6 e o 8 são os pés. O 5 está no centro, como o estômago. Eis os números do rio Lo.

Um método de acupuntura, "o método da tartaruga mágica", baseia-se no mesmo princípio da astrologia das nove constelações; ele consiste em estabelecer as horas de abertura de certos pontos de acupuntura e de certos meridianos (denominados os maravilhosos vasos) segundo as horas do dia. Um recente relatório de um jornal médico chinês mostrava o sucesso obtido na prática clínica graças a esse método antigo, que já se encontrava esboçado em textos tão antigos como o *Da Cheng* (Compêndio de Acupuntura, século XVII d.C.). Estudemos agora a relação entre os palácios celestes, os trigramas e as cores. Citemos a tese de um caderno astrológico chinês:

> Yu, o Grande, serviu-se da disposição dos trigramas para exprimir as leis da terra. Ele explicou a maneira pela qual as estrelas transitam nos nove palácios celestes e nos oito trigramas, partindo disso para associar os números 1, 6 e 8 com o branco, o 2 com o preto, o 3 com o turquesa, o 5 com o amarelo e o 9 com o púrpura. É pela compreensão das leis ditadas pelos antigos sábios que se pode prever o quc é benéfico ou nefasto. Para compreender as sutilezas e a conduta da vida, é preciso seguir as regras do rio Lo.

Assim, as nove constelações passam a ter uma cor e um trigrama associados:

A estrela única da água	☵
As duas estrelas negras da terra	☷
As três estrelas verdes da madeira	☳
As quatro estrelas verdes da madeira	☴

As cinco estrelas amarelas da terra ☷ e ☶

As seis estrelas do metal ☰

As sete estrelas vermelhas do metal ☱

As oito estrelas brancas da terra ☶

As nove estrelas púrpuras do fogo ☲

No sistema das previsões anuais, apenas as estrelas 1, 6, 7, 8 e 9 são consideradas benéficas. Estudemos agora a lei do yin e do yang aplicada às nove estrelas ou constelações simbólicas.

O NÍVEL DE ENERGIA DAS NOVE CONSTELAÇÕES

O número 9 associado com as nove estrelas púrpuras do fogo constitui o nível de energia mais elevado; é o velho yang do *I Ching*. A energia do fogo é a mais ativa. De modo inverso, a água é a mais passiva, a mais densa, constituindo a estrela única do 1 da água.

No centro se situa o número 5, o do amarelo da terra, o equilíbrio de tudo, o palácio místico central do mistério, associado com o baço, que alimenta a energia dos cinco órgãos vitais.

Os números 3 (o trovão) e 4 representam a energia nascente, por vezes imatura, da primavera e da madeira, da árvore que cresce. Os números 6 e 7 simbolizam a energia do outono que decresce e se condensa no solo sob a forma do metal.

Esses simbolismos ou emblemas deram origem a interpretações expressas numa linguagem mais moderna, em particular no Japão.

Tomemos o exemplo da interpretação das cores:

– A água branca é transparente e corresponde a uma personalidade transparente e adaptável pela água.

– O solo negro da terra corresponde a um caráter fechado e concentrado, etc.

Estudaremos todos esses detalhes no nosso capítulo sobre a interpretação das constelações de nascimento.

No que se refere à astrologia chinesa em geral, é possível dizer que o ciclo dos 10 troncos celestes corresponde ao ciclo emocional e mental do homem (o *pensamento* = o yang = o céu), o ciclo dos ramos terrestres corresponde às atividades físicas e às ações do homem e o ciclo das nove constelações corresponde a uma síntese das tendências de um indivíduo ou de um ano, de um dia, até mesmo de uma hora.

O conhecimento desses elementos indica o caminho natural ou Tao (Dao, como se escreve hoje).

O MOVIMENTO DAS NOVE CONSTELAÇÕES

Cada constelação se desloca segundo um movimento que se aparenta com o da estrela polar Tai Yi.

Os almanaques chineses fornecem tabelas que permitem situar cada constelação segundo o ano e o mês, assim como tabelas referentes aos dias e às horas, mais complexas, que dão as posições das constelações.

A constelação que em cada ano se encontra no palácio central determina a posição das outras constelações. Alguns astrólogos taoístas dizem que as nove constelações se movem sem cessar no céu e têm a sua contrapartida terrestre sob a forma de montanhas. Toda essa linguagem simbólica não deve nos fazer esquecer que suas nove estrelas ou constelações representam, antes de tudo, ciclos sucessivos, sendo talvez inútil procurá-las no céu astronômico. Como observava no início deste século o sinólogo Eitel, não há nos antigos tratados nenhuma indicação precisa que por si só permita identificá-las.

Não obstante, elas estão presentes no compasso do geomancista ou luopan, perto dos trigramas do *I Ching*. O ponto de partida das nove constelações é o que os antigos textos denominam o sanyuan, ou início de um período do calendário perpétuo de 60 anos sucessivos. Esse calendário, que estudamos num capítulo anterior, une os 12 ramos terrestres com os 10 troncos celestes, formando assim um ciclo de sessenta dias (ou 60 anos, ou 60 meses, ou 60 horas). O sanyuan representa 180 anos, ou seja, três ciclos de sessenta anos. Sanyuan é também o nome de uma escola de geomancia chinesa feng shui.

Dessa maneira, cada ciclo de sessenta anos tem início por uma constelação diferente:

A estrela branca da água dá início ao primeiro ciclo.

As quatro estrelas verdes da madeira começam o segundo.

E as sete estrelas vermelhas do metal iniciam o terceiro.

Citemos agora um almanaque chinês antigo:

> Quando ocupa o palácio celeste do fogo, a constelação das nove estrelas púrpuras cai na casa do fogo.
>
> Os anos marcados pelo ramo e ciclo yin, mao, chen são destituídos de energia (quando as nove estrelas estão no palácio do fogo) . . .

Eis um esquema tradicional que resume o movimento dessas constelações nos palácios ou casas celestes.

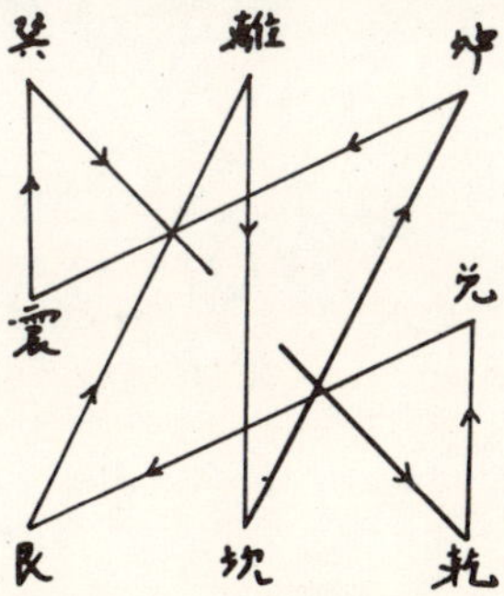

Assim, as nove constelações deslocam-se no curso de um ciclo de nove anos, formando, portanto, nove figuras ou quadrados diferentes, cuja constante é o fato de que o quadrado mágico é o quadrado do rio Lo, considerado como o quadrado de referência; é ele que fixa as casas ou palácios de domicílio original, do mesmo modo como, na astrologia ocidental, se diz, por exemplo, que o sol está em seu domicílio em Leão.

Extraídos de um almanaque chinês, temos em seguida os nove quadrados ou configurações ao longo de um ciclo de nove anos e a súa tradução em números romanos.

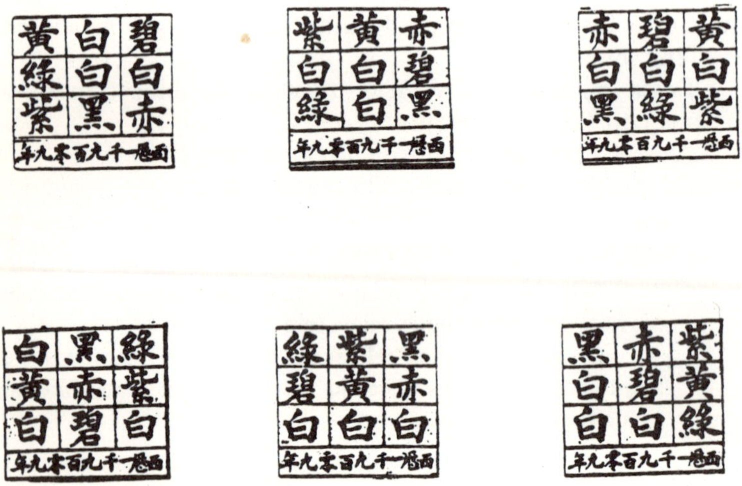

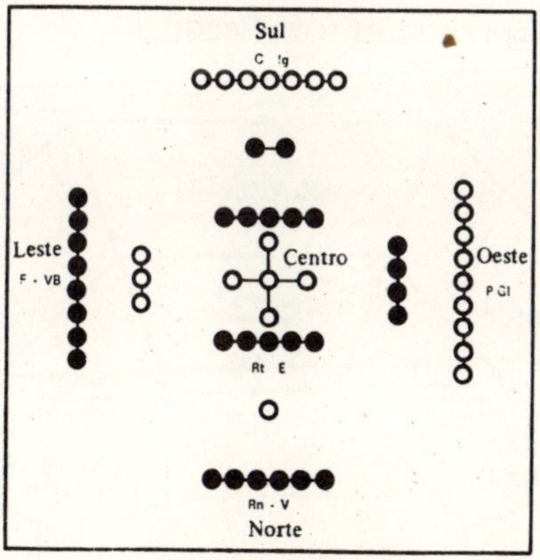

BASE DO HO TU

A ESTRELA POLAR E OS TAOÍSTAS

O folheto publicitário de um vidente suíço muito conhecido exalta os méritos de uma jóia "protetora". No texto de apresentação desse talismã, o autor fala de uma antiga tradição chinesa que atribuía grande valor à estrela polar e às pedras imantadas. Sem discutir as afirmações comerciais desse vidente, podemos afirmar que a estrela polar desempenhou um importante papel no sistema filosófico e cosmológico dos antigos taoístas.

O sinólogo Chavannes conta que, no ano 132 a.C., o culto de Tai Yi, o Um supremo, foi instituído.

O ritual incluía um altar octogonal com aberturas para a passagem dos espíritos dos trigramas, sendo o centro desse altar ocupado por uma representação simbólica do supremo Um: a estrela polar, a divina luz, a divindade que visita os seus oito trigramas satélites. Os adivinhos da dinastia dos Han usavam tabelas octogonais para fornecer seus oráculos.

Em seus estudos sobre a cosmologia chinesa, o sinólogo e cientista Joseph Needham mostra que o *I Ching* e os sistemas chineses de astrologia tiveram início com estudos fundados nas leis imutáveis da natureza e resultaram num dos sistemas cosmológicos mais sofisticados.

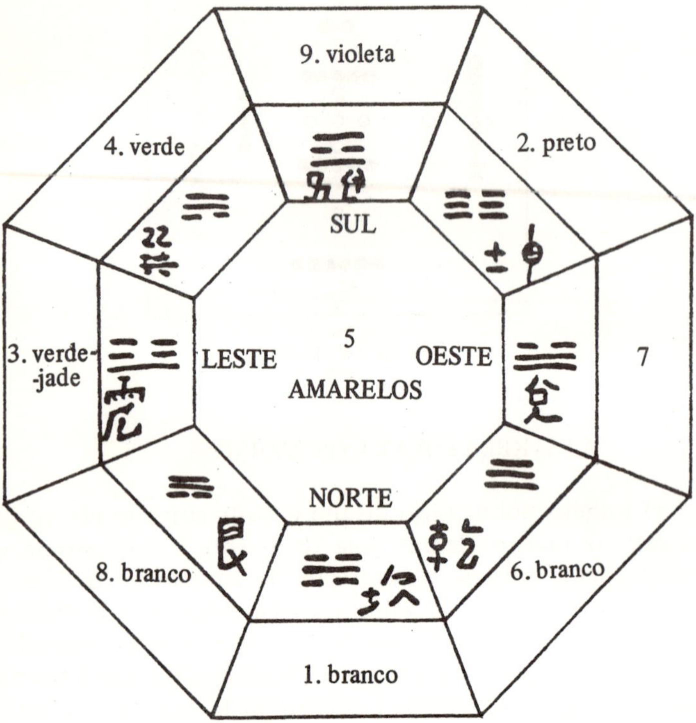

Outras fontes taoístas mencionam a importância da estrela polar no sistema de meditação chinês, no qual, quando das viagens astrais dos adeptos, ela era visualizada para fixar e estabilizar a concentração. Antigos textos médicos esclarecem que a estrela polar é o centro de difusão da energia cósmica – o yang celeste – e, por isso mesmo, o centro da criação universal.

Veja na página anterior a tradução de um almanaque chinês que retoma as correspondências entre os trigramas, as direções, as cores emblemáticas e os números atribuídos aos nove palácios.

CÉU ANTERIOR E CÉU POSTERIOR

Como já vimos, a astrologia chinesa das nove constelações fundamenta-se na disposição dos trigramas segundo a ordem do Céu posterior. Devemos agora retomar as diferenças entre o Céu anterior e o Céu posterior.

De forma esquemática, o Céu anterior é uma expressão ligada à disposição do círculo dos trigramas; segundo o lendário Fu Hi, essa disposição constitui um dos ensinamentos do *I Ching*, mas foi aplicada a domínios tão variados quanto a medicina tradicional ou a astrologia.

Eis, portanto, as principais características do céu anterior.

Céu anterior:

– Disposição dos trigramas segundo o lendário Fu Hi.

– Disposição segundo o esquema tradicional da Tartaruga divina.

– Mundo do pensamento puro.

– Mundo das ideações.

– Anterior à criação.

– Representação simbólica do destino imposto pelo céu, da hereditariedade e do carma.

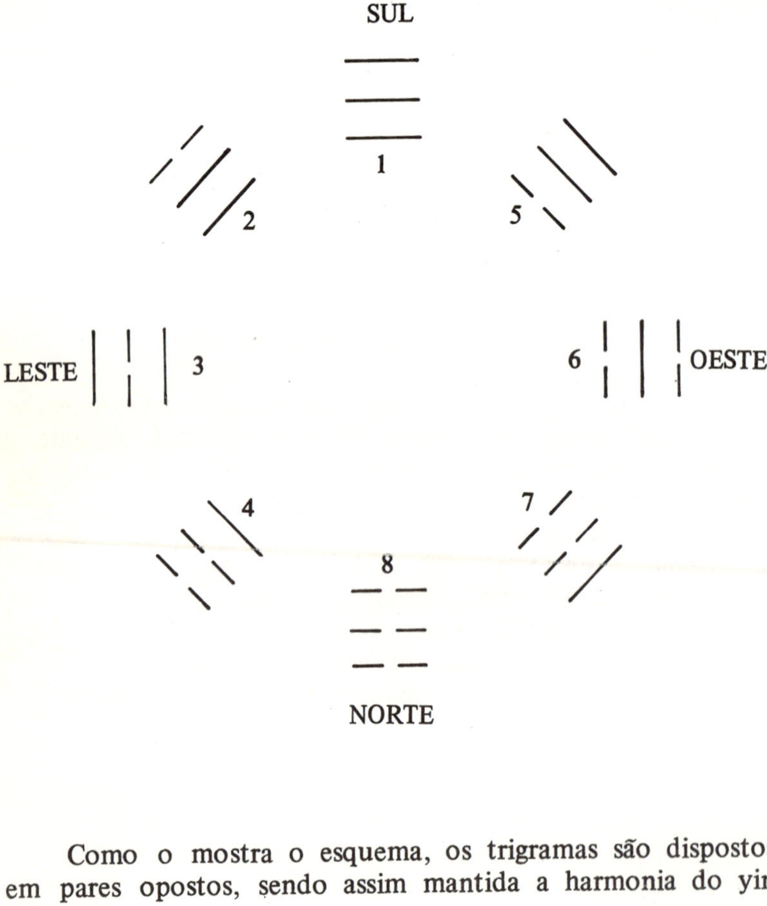

Como o mostra o esquema, os trigramas são dispostos em pares opostos, sendo assim mantida a harmonia do yin e do yang.

O desenho da Tartaruga divina representa as energias espirituais em movimento. A característica mais evidente dessa disposição é a perfeita simetria; a ordem de sucessão dos trigramas requer estudos que não podemos desenvolver no âmbito desta breve apresentação.

Céu posterior:

A disposição dos trigramas segundo a ordem do Céu posterior é atribuída ao rei Wen Wang; ela representa, sem dúvida, uma das partes do *I Ching* mais difíceis de interpretar. Essa disposição é tão tradicional e antiga quanto a de Fu Hi, sendo a sua tradução sutil – "o que está escondido por detrás do céu" – a secreta razão de ser das coisas palpáveis!

CÉU POSTERIOR

– Disposição do rei Wen Wang.
– Leis secretas das coisas palpáveis.
– Mundo dos fenômenos objetivos.
– Aquisições do homem pelas transformações.
– Mistérios da mutação e das mudanças.

A disposição segue, de modo plenamente lógico, a ordem dada na carta do "Céu Posterior" do rei Wen. Retomemos essa carta acrescentando-lhe as estações:

– o verão corresponde ao sul;

– a primavera corresponde ao leste (o yang – o sol aparece);

– o outono corresponde ao oeste (o ocaso);

– o inverno corresponde ao norte.

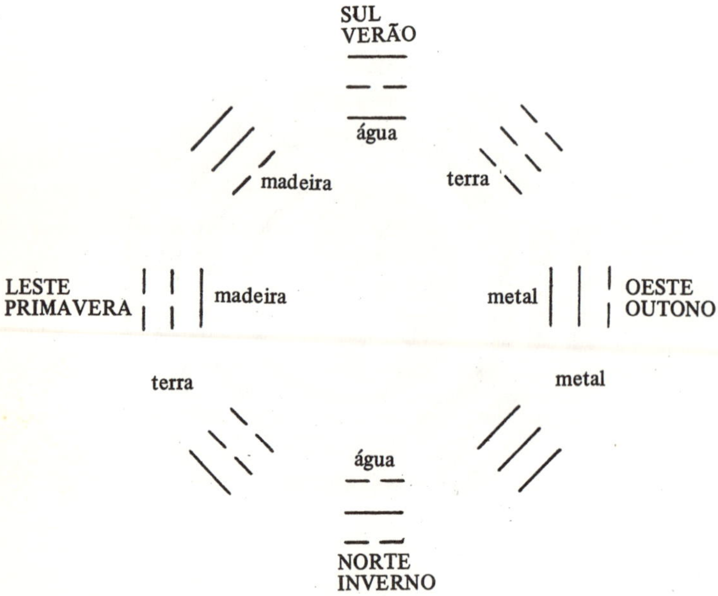

A CARTA DO REI WEN E OS CINCO ELEMENTOS

A ordem é menos evidente nesta disposição, seguindo, contudo, a progressão das estações e o ciclo dos cinco elementos (Wuhsing). A leste se encontram o trovão e o despertar da força yang ☳ ; a nordeste está o último trigrama, o do repouso: a montanha ☶ . A seqüência dos trigramas representa a sucessão das estações, ou, simbolicamente, o desenrolar de um dia ou de uma vida.

Neste estágio do nosso estudo, o leitor já pode comparar com proveito esta disposição com o estudo dos trigramas e a leitura dos textos simbólicos das nove constelações.

Assim, a leitura de um tema de nascimento equivale à interpretação simbólica dos oito trigramas de base, e cada ano, cada mês, cada dia e cada hora vindouros compararão um trigrama com o do ano de nascimento.

Na disposição do rei Wen Wang, o céu e a terra não se opõem mais sob a forma de seus trigramas respectivos, mas sob a forma de seus símbolos mais impressionantes – o fogo ☲ e a água ☵ –, representações simbólicas do consciente e do inconsciente, do coração e dos rins, do visível e do invisível, do despertar e dos instintos.

TAO, CÉU POSTERIOR E CÉU ANTERIOR

O Céu anterior e o Céu posterior formam uma dupla simbólica muito utilizada tanto na astrologia como na medicina tradicional chinesa. Um livro da dinastia dos Wing diz: "O Tao (Dao) da forma corporal é o não-ter e o ter.

O não-ter são as energias do Céu anterior.

O ter são as energias do Céu posterior."

O mestre Chao Yung dizia: "O céu serve-se das formas, a terra se apóia nas energias . . . assim, o começo dos seres é o Céu anterior e a realização dos seres o Céu posterior."

Céu anterior: engendramento dos números, o que é destituído de ruído e de odores, é o sopro do Um (o tai chi).

Céu posterior: término dos números, o que possui formas, os dois princípios yin e yang.

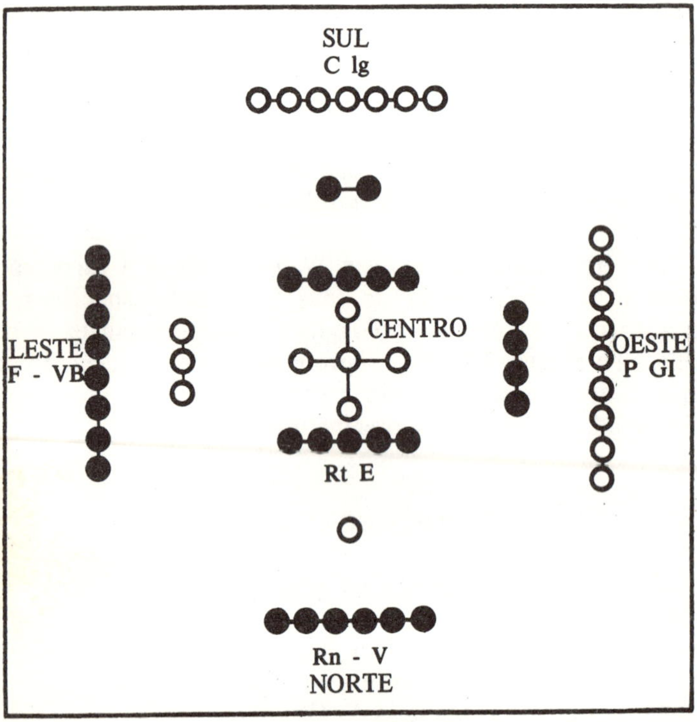

A CARTA DO HO-TU

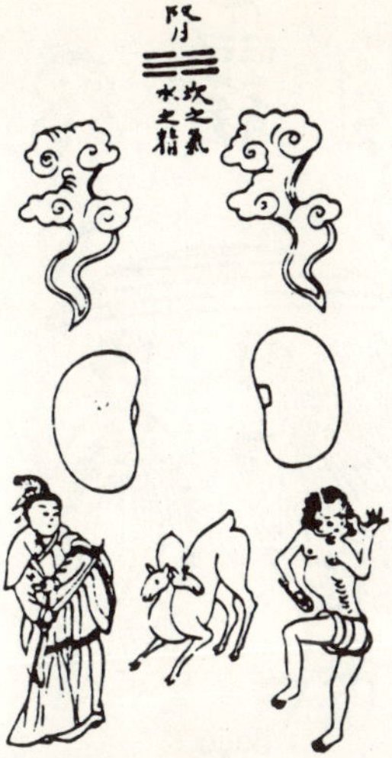

Rins

Vesícula biliar

Pulmões

Coração

Fígado

Baço

No corpo, o Céu posterior representa as energias alimentares e respiratórias (energias adquiridas).

O Céu anterior representa as energias hereditárias (principalmente as energias ancestrais na medicina tradicional chinesa).

Essas duas energias já estariam presentes no feto, concentradas num ponto a que se dá o nome de porta da vida (ming men) e que, no adulto, se situa sobre a coluna vertebral, no nível do umbigo (ponto 4 do meridiano governador Du Mai).

Capítulo 4

COMO ESTABELECER E INTERPRETAR O SEU TEMA

Consultem o quadro seguinte para encontrar a constelação do ano de nascimento (página 74).

Como vocês podem ver no quadro, há um número para as mulheres e outro para os homens.

O número indica o número de estrelas da constelação. Por exemplo, o 1: a estrela única da água... (Verificar o início do ano chinês no quadro seguinte.)

A forma de encontrar a constelação do dia, e, depois, da hora de nascimento, será explicada mais tarde, assim como a maneira de buscar os conselhos anuais.

Contudo: a constelação do ano continua a ser a mais importante, pois indica o "caminho do céu", isto é, a trilha a seguir para aproximar-se mais de sua verdadeira natureza.

Recordemos brevemente a utilidade de calcular as quatro constelações do tema de nascimento.

Significação das quatro constelações:

O ANO: O YANG DO YANG: O CÉU. O CONSELHO DA VIDA.
O MÊS DE NASCIMENTO: O YIN DO YANG: O COMPORTAMENTO SOCIAL.
O DIA DE NASCIMENTO: O YANG DO YIN: O CÍRCULO ÍNTIMO.
A HORA DE NASCIMENTO: O YIN DO YIN: O JARDIM SECRETO.

QUADRO DOS ANOS

	H	M		H	M		H	M		H	M
1890	2	4	1921	7	8	1952	3	3	1983	8	7
1891	1	5	1922	6	9	1953	2	4	1984	7	8
1892	9	6	1923	5	1	1954	1	5	1985	6	9
1893	8	7	1924	4	2	1955	9	6	1986	5	1
1894	7	8	1925	3	3	1956	8	7	1987	4	2
1895	6	9	1926	2	4	1957	7	8	1988	3	3
1896	5	1	1927	1	5	1958	6	9	1989	2	4
1897	4	2	1928	9	6	1959	5	1	1990	1	5
1898	3	3	1929	8	7	1960	4	2	1991	9	6
1899	2	4	1930	7	8	1961	3	3	1992	8	7
1900	1	5	1931	6	9	1962	2	4	1993	7	8
1901	9	6	1932	5	1	1963	1	5	1994	6	9
1902	8	7	1933	4	2	1964	9	6	1995	5	1
1903	7	8	1934	3	3	1965	8	7	1996	4	2
1904	6	9	1935	2	4	1966	7	8	1997	3	3
1905	5	1	1936	1	5	1967	6	9	1998	2	4
1906	4	2	1937	9	6	1968	5	1	1999	1	5
1907	3	3	1938	8	7	1969	4	2	2000	9	6
1908	2	4	1939	7	8	1970	3	3	2001	8	7
1909	1	5	1940	6	9	1971	2	4	2002	7	8
1910	9	6	1941	5	1	1972	1	5	2003	6	9
1911	8	7	1942	4	2	1973	9	6	2004	5	1
1912	7	8	1943	3	3	1974	8	7	2005	4	2
1913	6	9	1944	2	4	1975	7	8	2006	3	3
1914	5	1	1945	1	5	1976	6	9	2007	2	4
1915	4	2	1946	9	6	1977	5	1	2008	1	5
1916	3	3	1947	8	7	1978	4	2	2009	9	6
1917	2	4	1948	7	8	1979	3	3			
1918	1	5	1949	6	9	1980	2	4			
1919	9	6	1950	5	1	1981	1	5			
1920	8	7	1951	4	2	1982	9	6			

Os anos chineses começam no dia 4 ou 5 de fevereiro para o ciclo das nove constelações. Para todo nascimento entre os dias 1º de janeiro e 4 de fevereiro, considerar o ano seguinte.

H = homens M = mulheres

Por ora, trabalhem sobretudo com base no ano de nascimento e façam comparações com os trigramas do *I Ching* já estudados; assim, as sentenças dessa astrologia lhes parecerão menos terra a terra e o "caminho do céu" será indicado.

COMO CALCULAR A CONSTELAÇÃO DO DIA E DA HORA DE NASCIMENTO

Na astrologia das nove constelações, a constelação do ano de nascimento é que domina o tema que indica o "caminho do céu"; é a ela que nos referimos para calcular as previsões anuais.

No entanto, devemos completar o tema calculando a constelação do dia e a da hora do nascimento.

No passado, esse cálculo era de fácil realização, pois na China clássica os dias e as horas eram calculados por meio do calendário que já mencionamos: o calendário Kia Tsé ou ciclo de 60 (60 dias, 60 horas, 60 meses, 60 anos).

No que se refere ao nosso calendário ocidental, alguns "truques" nos permitirão calcular rapidamente as constelações ausentes.

CONSTELAÇÃO DO ANO: Indica o "Caminho do céu" e a expressão do "eu" no mundo. É também, em termos simbólicos, a representação do avô e dos ancestrais.

CONSTELAÇÃO DO MÊS DE NASCIMENTO: Mostra o que o indivíduo procura esconder do mundo que o cerca – trata-se do yin do yang, a face que é oculta da sociedade.

CONSTELAÇÃO DO DIA DE NASCIMENTO: Indica o homem natural tal como se apresenta no seu círculo íntimo.

CONSTELAÇÃO DA HORA DE NASCIMENTO: Indica as pulsões subconscientes do indivíduo, o seu "eu" secreto; é o yin do yin e também o caminho do "homem comum" do *I Ching*, ao passo que a constelação do ano indica o caminho do "homem sábio".

Eis o cálculo da constelação do dia de nascimento:

Devemos, portanto, verificar qual era o número do ciclo diário de 60 no dia do nascimento. Antes de tudo, precisamos saber o número de dias transcorridos desde o início do ano legal (1º de janeiro do ano considerado); esse número é denominado o número de série do dia de nascimento. Por exemplo, se nasci no dia 17 de março de 1921, o número de série é 76, já que 1921 não foi um ano bissexto. Isso significa que o dia 17 de março foi o 76º dia do ano ocidental de 1921.

O quadro seguinte permitirá a vocês calcular rapidamente o número de série. *Se se tratar de um ano bissexto, vocês deverão acrescentar uma unidade, a partir de 1º de março, ao número encontrado.*

Mês	Janeiro		Fevereiro		Março		Abril		Maio		Junho	
Dia	1	16	1	16	1	16	1	16	1	16	1	16
nº de série	1	16	32	47	60	75	91	106	121	136	152	167
Mês	**Julho**		**Agosto**		**Setembro**		**Outubro**		**Novembro**		**Dezembro**	
Dia	1	16	1	16	1	16	1	16	1	16	1	16
nº de série	182	197	213	228	244	259	274	289	305	320	335	350

Eis agora um quadro que indica a que número do ciclo 60 corresponde o dia 1º de janeiro de cada ano considerado.

Para encontrar o número do ciclo 60 do seu dia de nascimento, você precisa apenas adicionar a ele o seu número de série e dividir o todo por sessenta.

Por exemplo, para o dia 17 de março de 1921:

1921 (1º de janeiro): 60.

Número de série: 76

Número do dia de nascimento:

60 + 76 = 136 : 60 = 16

QUADRO DAS RELAÇÕES KIA TSÉ E INÍCIO DOS ANOS OCIDENTAIS

1900	10	*1920*	54	*1940*	39	*1960*	24	*1980*	9
1901	15	1921	60	1941	45	1961	30	1981	15
1902	20	1922	5	1942	50	1962	35	1982	20
1903	25	1923	10	1943	55	1963	40	1983	25
1904	30	*1924*	15	*1944*	60	*1964*	45	*1984*	30
1905	36	1925	21	1945	6	1965	51	1985	36
1906	41	1926	26	1946	11	1966	56	1986	41
1907	46	1927	31	1947	16	1967	1	1987	46
1908	51	*1928*	36	*1948*	21	*1968*	6	*1988*	51
1909	57	1929	42	1949	27	1969	12	1989	57
1910	2	1930	47	1950	32	1970	17	1990	2
1911	7	1931	52	1951	37	1971	22	1991	7
1912	12	*1932*	57	*1952*	42	*1972*	27	*1992*	12
1913	18	1933	3	1953	48	1973	33	1993	18
1914	23	1934	8	1954	53	1974	38	1994	23
1915	28	1935	13	1955	58	1975	43	1995	28
1916	33	*1936*	18	*1956*	3	*1976*	48	*1996*	33
1917	39	1937	24	1957	9	1977	54	1997	39
1918	44	1938	29	1958	14	1978	59	1998	44
1919	49	1939	34	1959	19	1979	4	1999	49

No dia primeiro de janeiro de cada ano.

O dia 17 de março de 1921 era, portanto, o 16º dia do ciclo bioenergético chinês de base 60.

Um simples cálculo numerológico nos permitirá agora calcular a constelação do dia de nascimento. Esse cálculo utiliza a numerologia de base 9.

No nosso exemplo anterior – 17 de março de 1921: 16 = 16 : 9, resto 7 (16 dividido por 9 – o resto é 7). 7 é o número da constelação simbólica *se se trata de um homem.* Se o tema é de uma mulher, vocês devem conferir o quadro da página 74 (Quadro dos Anos) e procurar a correspondência dos números homens-mulheres.

Para um tema feminino, portanto, o 7 se transforma em 8.

Cálculo da constelação da hora do nascimento. O processo será muito simples:

Usar os dois círculos-tabela que vocês deverão, em primeiro lugar, recortar. No contorno do grande círculo são indicados os números de ordem dos dias do ciclo kia tsé. No nosso exemplo, o número é 16. Coloquem em seguida o segundo círculo e leiam o número da constelação diante da *hora solar* local do seu nascimento. Por exemplo, no 16º dia do ciclo kia tsé, às 13:30 h, hora solar local, a constelação era a 5ª (para um nascimento masculino-nascimento feminino, inverter como antes).

INTERPRETAÇÃO GERAL DO TEMA

Agora vocês estão de posse de três constelações, *a mais importante das quais é a do ano comum* a todas as pessoas do mesmo sexo nascidas no mesmo ano lunar que vocês, representando o caminho do céu. Essa constelação servirá de base para o cálculo das previsões anuais (ver páginas seguintes) e para o cálculo das direções favoráveis (geomancia chinesa).

A Estrela Única da Água

TENDÊNCIAS GERAIS

Os nativos desta constelação tenderão a preocupar-se mais do que o necessário, e seu caráter é com freqüência pessimista. Contudo, serão bastante apreciados pelos seus íntimos, sobretudo em função das suas qualidades de adaptação. Levadas ao extremo, essas qualidades se transformarão em obsequiosidade e, por vezes, os nativos tenderão a se deixar guiar por qualquer líder. Terão grande dificuldade com o meio familiar na primeira infância, mas terão sucesso na idade próxima aos quarenta, devendo então acumular um pequeno capital para assegurar a velhice.

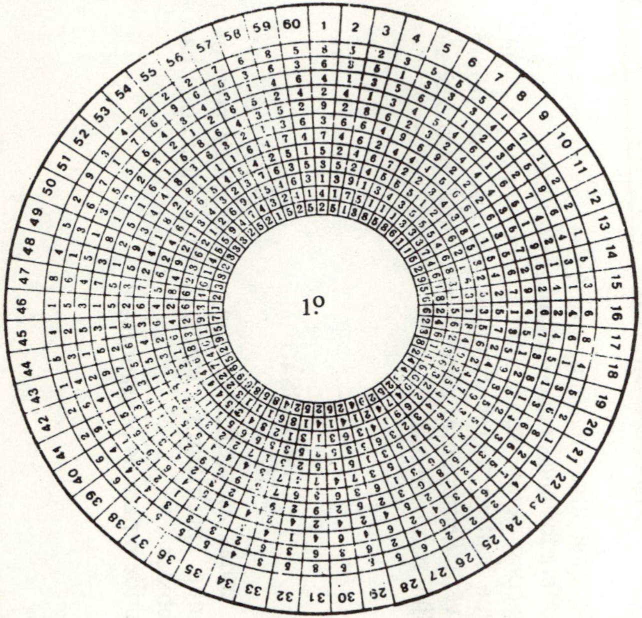

图24 灵龟八法逐日按时开穴图

第 一 图

图中数字是代表八穴的穴名：1.申脉；2.照海；3.外关；4.临泣；5、照海；
6.公孙；7.后溪；8.内关；9.列缺。

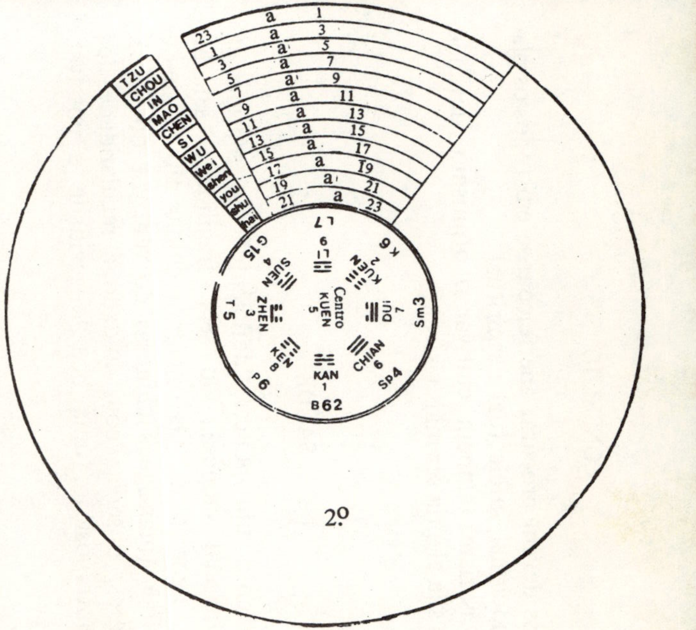

第 二 图

图中灵龟八法飞腾图，是八法纳入于八卦，并有代表性的数字及穴名，上边是地支配合二十四小时。

第二图较第一图小一圈，制成后将图中斜线的部分剪掉，使成空缺，复于第一图上，露出第一图的干支名称，如须查对开穴时间，将第一图的当天干支名称，对准第二图的空缺，再按时辰去对数字，即可知道所开的穴名。

O CALENDÁRIO KIA TSÉ

CONSELHO

Os nativos devem procurar aperfeiçoar-se em todos os planos: físico, emocional, intelectual e espiritual.

Eles precisariam também cultivar o otimismo, devendo a expressão da sua alegria ser mais visível.

SAÚDE

Temperamento um pouco "deficiente" no sentido da medicina tradicional chinesa. Ou seja, fragilidade, sensibilidade ao frio, neurastenia. Os órgãos a cuidar são os rins e os órgãos genitais (massagens chinesas do ventre e dos rins). Para as mulheres: observar com cuidado a regularidade dos ciclos. Em contraposição, uma boa longevidade é possível.

VIDA SENTIMENTAL

Apesar de uma aparência imperturbável, os nativos são extremamente afetados pelas relações homem/mulher.

Essas relações serão sobremodo importantes na vida dos nativos, que sentem fortes impulsos sexuais, sem, no entanto, serem verdadeiramente românticos. Suas relações são sólidas e de difícil rompimento.

PROFISSÃO

Êxito em todas as profissões que se relacionem com os líquidos: marinha, petroleiros, medicamentos líquidos, bares, venda de bebidas.

Sucesso também para os pensadores.

TENDÊNCIAS GERAIS

Trata-se da constelação que representa a multidão, as massas, a receptividade, o período da colheita: o verão indiano.

Os nativos não deveriam tentar conduzir o barco sozinhos, nem ser responsáveis por tudo. Eles obterão o sucesso da cooperação com os outros, qualquer que seja o domínio. Deveriam também dirigir seus esforços para objetivos convencionais com referência aos da sociedade e do seu ambiente.

São seres perseverantes e gentis. Gostam de ajudar os outros e se envolvem muito com as relações humanas. A vida solitária não lhes convém.

Em contrapartida, muitas vezes a dúvida os submerge, faltando-lhes então um pouco de agressividade combativa.

Seus melhores anos: entre quarenta e cinco e quarenta e sete anos.

CONSELHOS

Encontrar a complementaridade em todas as situações e evitar ser "o cavaleiro solitário" em qualquer área que seja.

SAÚDE

A maioria destes nativos é bastante corpulenta. Seu ponto fraco é justamente o sistema gastrintestinal, uma tendência a comer demais e, como conseqüência, um sangue impuro e problemas de pele. O jejum hebdomadário de uma refeição lhes é particularmente aconselhado.

VIDA SENTIMENTAL

Entre os nativos dessa constelação há uma boa compreensão do parceiro; eles são capazes de perceber as necessidades do outro. Algumas vezes, sua mania do detalhe pode tornar a vida impossível.

A vantagem destes nativos é reagir deixando que suas emoções vivam plenamente.

PROFISSÕES

As profissões que mais se adaptam a estes nativos têm estreita relação com o público e as massas: os serviços públicos, a assistência-aconselhamento, as lojas e o comércio, e todos os empregos de subordinados (isso não deve ser tomado num sentido pejorativo; há subordinados muito prósperos e chefes infelizes).

As Três Estrelas Verde-jade da Madeira

TENDÊNCIAS GERAIS

Esta é a constelação da primavera e do renascimento.

Os nativos terão um temperamento muito independente ou serão levados à independência pelas circunstâncias da vida. Serão ambiciosos e não demorarão a procurar deixar o meio familiar. Sua vida será feita de altos e baixos muito marcados, mas sua natureza combativa lhes permitirá enfrentar as dificuldades e aproveitar cada nova oportunidade. Eles atrairão para si as simpatias em função do seu otimismo e jovialidade, mas seu caráter, por vezes agressivo, lhes valerá também numerosos inimigos. O desejo de liberdade e o desprezo que às vezes sentem pelos outros são uma marca de obstinação e de estreiteza de visão. A idade entre os 34 e os 38 anos será o período mais propício para o seu pleno desenvolvimento.

CONSELHOS

Estes nativos não devem, de modo algum, apressar-se demais em atingir o objetivo (seja ele qual for); eles correriam o risco de um fracasso.

O que precisam de maneira especial: trabalho, perseverança e a consciência de que sua pseudonecessidade de liberdade faz muito mal aos outros.

SAÚDE

Ótima energia disponível de imediato. Boa disposição para a prática de esportes e das artes marciais. De modo inverso, seu temperamento nervoso, até mesmo colérico, provocará neles problemas no fígado e na vesícula biliar, assim como estados depressivos. Os laxantes e depurativos leves lhes são aconselhados para pequenas curas.

VIDA SENTIMENTAL

Excesso de impulsividade nas relações amorosas: rápidos para inflamar-se, rápidos para enganar-se e arrepender-se.

Ciumentos e coléricos em demasia, eles são às vezes atraídos pela aparência do parceiro: beleza, etc. Sua experiência bastante precoce deveria, não obstante, torná-los mais maduros.

PROFISSÃO

Tudo o que se relaciona com o movimento, o ruído ou o

som: músico, cantor, comentarista, todos os esportes ou ofícios com eles relacionados, jornalistas e repórteres, etc.

As Quatro Estrelas Verdes da Madeira

TENDÊNCIAS GERAIS

Trata-se da constelação do vento, da dispersão e também da penetração.

Estes nativos serão um tanto destituídos de vontade, sendo muitas vezes controlados pelos outros e estando à mercê dos acontecimentos.

Para eles, a autoridade é algo a ser respeitado e, embora por vezes questionem a própria liberdade, são profundamente submissos às leis da sociedade ou às convenções sociais. Seu pensamento instável os levará com freqüência a mudar de residência. Em contrapartida, estes nativos estão sempre se questionando, cheios de dúvidas, e muitas vezes têm a impressão de se enganarem, fato que explica sua hesitação nas decisões, pela insegurança que sentem em relação a si mesmos. Eles deveriam procurar se estabelecer e encontrar o equilíbrio antes dos 38 anos, pois, caso contrário, terão dificuldade em se acomodar depois.

CONSELHOS

Estes nativos devem confiar no bom senso que, neles, é muito desenvolvido. Devem também desconfiar da lisonja e conquistar maior força de caráter.

Não deveriam hesitar em mostrar-se tais como são, pois isso os ajudará a adquirir maior confiança em si mesmos.

SAÚDE

Boa vitalidade em geral, sobretudo depois das refeições! Nervosismo pela manhã e irritabilidade devida à sensibilidade no fígado (órgão madeira na medicina tradicional chinesa). Pontos a serem cuidados: perturbações intestinais e desordens relacionadas com os hormônios genitais, assim como dificuldades respiratórias.

VIDA SENTIMENTAL

Estes nativos às vezes têm dificuldades em conhecer seus cônjuges e sua compreensão limitada os leva a erros, fontes de aborrecimentos para eles mesmos.

De modo inverso, os nativos se beneficiam de um forte poder de sedução que, no entanto, não é suficiente para proporcionar-lhes a felicidade. Eles também devem, e de modo absoluto, evitar unir-se "por interesse".

PROFISSÕES

Relacionadas com o movimento: relações públicas, repórteres, publicidade. Todos os ofícios vinculados com os transportes. Os ofícios relacionados com a madeira: móveis, esculturas em madeira, artesanato, etc.

As Cinco Estrelas Amarelas da Terra

TENDÊNCIAS GERAIS

Esta constelação é o astro central do quadrado mágico do rio Lo. Ela representa ao mesmo tempo o início e o final de um ciclo. É o ponto de intercâmbio entre a energia material e a energia espiritual; trata-se do centro ou da tradicional "corte amarela", o baço da medicina chinesa, o órgão da alquimia da energia.

Os nativos desta constelação serão pessoas que gozarão de grande felicidade interior e de sucesso no mundo material, ou, pelo contrário, pessoas que deverão sofrer os golpes da vida.

Numerosos acontecimentos imprevistos se manifestarão ao longo da sua vida. Estes nativos serão ambiciosos e pessoas dadas a extremos – às vezes prodigiosamente generosas, às vezes estúpidas e limitadas, parecerão amorais ou pelo menos desconcertantes.

Eles se beneficiam da força conjugada da "montanha" e da "terra", dois trigramas poderosos.

CONSELHOS

Não repetir indefinidamente os mesmos erros.

Avançar na vida sem pressa excessiva.

Questionar às vezes a idéia sempre muito elevada que estes nativos têm de si mesmos.

SAÚDE

Muita resistência, mas cuidado com o excesso de fadiga.

Pontos a serem cuidados: o baço, o estômago, a tensão.

Desconfiar das diarréias e das febres infecciosas, em particular nas regiões quentes e úmidas. Um possível tônico para eles: o gingseng, que estimula o baço e o estômago.

VIDA SENTIMENTAL

Estes nativos têm uma natureza muito apaixonada e a necessidade de serem amados. Tendem às vezes a não se satisfazerem com um único cônjuge e travam então relações "triangulares". Sua busca amorosa pode ser tão forte a ponto de constituir um obstáculo à sua aceitação.

PROFISSÕES

Pode-se prever um bom resultado em todas as profissões se este nativo for perseverante.

Encontram-se nesta constelação políticos célebres, mas também pessoas que não se destacam da média.

Constelação das Seis Estrelas Brancas do Metal

TENDÊNCIAS GERAIS

Trata-se da constelação do sábio e do chefe. Ela representa a potencialidade do líder de homens e do criador. É também a estrela da constância e da perseverança, da atividade. Os nativos costumam ter ideais elevados, são ambiciosos, mas às vezes carecem de modéstia e sua auto-suficiência é grande. Têm horror de perder e, por isso, se mostram apegados e egoístas. Desse modo, com freqüência se oporão aos outros, às vezes com choques. Os nativos são ao mesmo tempo caridosos e solidamente apegados à matéria. Ao mesmo tempo materiais e espirituais. Seus melhores anos virão depois dos quarenta. Seus próximos e subordinados costumarão ter dificuldades para conviver com eles, particularmente se suas ambições são desmesuradas.

CONSELHOS

Antes de tudo, tomar consciência da sua personalidade às vezes invasora e concordar em tornar-se mais humano e mais caloroso para o bem dos outros. Desenvolver a gentileza e saber escolher antes as ambições do céu que as da terra.

VIDA SENTIMENTAL

Sob uma aparência calma, estes nativos são muito sensíveis aos encantos do sexo oposto. Cuidado com o excesso de egoísmo e com a sensibilidade às lisonjas, que só podem levar ao fracasso. As mulheres nascidas sob essa estrela tenderão a ser um tanto masculinas em seus desejos e comportamentos. Homens ou mulheres desta constelação deveriam introduzir um pouco de yin no yang (água sobre o fogo) para acalmar sua tendência dominadora e aceitar um pouco o seu lado "complementar".

SAÚDE

Tendência para o excesso de trabalho, as depressões nervosas, as febres repentinas, as dores de cabeça, as vertigens. Os órgãos a serem cuidados são: os pulmões (sobretudo), o coração e os ossos. O controle dos nervos reduzirá o risco de acidentes, e o trabalho energético (ioga, tai chi chuan, etc.) equilibrará seus esforços de pensamento e sua tensão nervosa.

PROFISSÕES ACONSELHADAS

Todas as profissões e vocações podem ser convenientes, desde que o nativo acredite possuir uma oportunidade de subir socialmente e de comandar. Que evitem, contudo, uma ambição desmesurada.

Serão bons evangelistas, pregadores, guias psicológicos, administradores de empresas, homens da lei, chefes militares.

Os nativos apreciam as responsabilidades e, ao afastarem suas tendências egoístas, serão capazes de assumi-las.

Por vezes, alguns deles abandonam fortuna e ambição pela busca espiritual.

De qualquer maneira, eles nunca deveriam investir em assuntos fora do seu controle estrito.

Constelação das Sete Estrelas Vermelhas do Metal

TENDÊNCIAS GERAIS

Esta é a constelação que representa a alegria fugitiva do período das colheitas. Durante a infância, os nativos tenderão a carecer de uma educação verdadeiramente adequada e de regularidade nas refeições, no trabalho e no lazer, o que poderá ocasionar perturbações gastrintestinais. Estes nativos são bons oradores, podendo facilmente influenciar os outros e beneficiar-se da sua confiança. O desejo de agradar a qualquer preço será também a sua armadilha e mostrará sua tendência egótica; algumas vezes, as relações poderão ser superficiais. Pela aparência parecem mais jovens do que são, sendo eles muito sensíveis ao contato com o sexo oposto. Sua relação e emoção profundas com o parceiro determinarão o seu avanço por entre os obstáculos da vida. Às vezes, seu desejo de liberdade será causa de derrotas, sobretudo em função do seu desprezo pela hierarquia.

Os anos mais proveitosos se manifestarão depois dos 40.

CONSELHO

Estes nativos precisam ser mais perseverantes na realização de seus projetos, perder um pouco de independência para obter, em contrapartida, a ajuda dos outros. Evitar os exageros da imaginação bem como a demasiada centralização em esquemas mentais (excesso de melancolia).

SAÚDE

Os cinco sentidos são muito ativos e devem ser saciados pela qualidade (alimentos, música, arte . . .).

A constituição é média; é preciso cuidado com as desordens estomacais, a neurastenia, as dificuldades respiratórias, as perturbações venéreas e renais. Limpar bem a boca, os dentes e a língua com bochechos salgados.

VIDA SENTIMENTAL

Muita sedução e relações antes do casamento (isso quando se casam). Grande desejo de liberdade.

É preciso, sobretudo, não se apressar na escolha do companheiro de vida.

PROFISSÕES ACONSELHADAS

Todas as atividades relacionadas, de modo estreito ou não, com a alimentação do corpo ou do espírito: restauração, bar, cabaré, comércio de alimentos, bebidas, distribuição de alimentos, representação na área de gêneros alimentícios, dietética, cinemas, teatro, etc.

Estes nativos podem também ser bons oradores, professores, pregadores, homens de negócios, dentistas (a boca).

Eles nunca deveriam brincar, mas sim procurar economizar (embora isso lhes seja difícil), pois o dinheiro sai tão rápido quanto entra.

Constelação das Oito Estrelas Brancas da Terra

TENDÊNCIAS GERAIS DO NATIVO

Os nativos desta constelação são como o trigrama da montanha que os representa: intensa vontade e força de espírito, a tal ponto que o ambiente pode considerá-los difíceis e "monolíticos". Têm boa disposição de espírito para impor suas idéias ao ambiente em que vivem e à sociedade em geral. Mostram-se doces e plácidos, a não ser quando envolvidos numa querela. Duas palavras os caracterizam: força interior e honestidade. De maneira inversa, às vezes parece impossível comunicar-se com eles, que vivem em seu mundo e têm dificuldade para cooperar com os outros de modo pleno. Estes nativos aprendem a vida na escola da provação e com freqüência agem de maneira desconcertante para o ambiente. São por vezes extremamente conservadores, embora sejam criativos (paradoxo!).

CONSELHOS

Fixando um único objetivo por vez, estes nativos atingirão facilmente a sua meta. Desconfiar dos desejos interiores muitas vezes bem disfarçados, pois podem ser fonte de aborrecimentos.

VIDA SENTIMENTAL

Estes nativos aparentam ser parceiros de confiança e, em geral, o são, adotando uma atitude madura em relação às aventuras sentimentais ou ao casamento. Quando se apaixonam por alguém, tentam seduzir essa pessoa até conseguir o seu objetivo: tenacidade sentimental! Em contrapartida, são grosseiros e desdenhosos com aqueles que não parecem dispensar-lhes a atenção desejada.

SAÚDE

Os nativos desta constelação são em geral de estatura elevada e de boa constituição física, mas às vezes carecem de coordenação muscular.

Devem prevenir-se particularmente da congestão e do acúmulo de toxinas nos ombros, pescoço e costas, da pressão arterial, das nevralgias e do envelhecimento das artérias, curvando-se à disciplina do exercício cotidiano. São algumas vezes sensíveis a problemas relacionados com o nariz, os pés e os intestinos.

PROFISSÕES ACONSELHADAS

Todas as profissões estáveis e que exijam um esforço constante. As profissões que requerem certa honestidade e se dirigem para o serviço do semelhante: educação, ensino, sacerdócio. O serviço secreto e as questões militares, o trabalho da terra, a escultura, a utilização dos minerais e das pedras.

As Nove Estrelas Púrpuras do Fogo

TENDÊNCIAS GERAIS

Esta é a constelação do fogo, o yang luminoso.

Os nativos têm uma aparência agradável e consideram importante a aparência. Gastarão muito para conseguir um nível de vida agradável e belo.

Sua juventude e a primeira metade da vida serão plenas de energia, mas, na segunda parte da vida, deverão pagar um preço por terem às vezes dissipado suas forças em demasia.

Estes nativos às vezes podem parecer muito materialistas, mas possuem também numerosos dons artísticos.

Têm horror de perder na vida e se mostram com freqüência veementes e críticos.

CONSELHOS

Cuidado com o egoísmo e o medo (e a raiva) do fracasso. Uma atitude mais realista e mais permeada de compaixão facilitaria as coisas para eles.

Estes nativos tampouco deveriam contar demais com os outros.

SAÚDE

Estes nativos possuem uma energia e uma estatura um pouco acima da média.

Os olhos são claros, pequenos e penetrantes.

Fraquezas naturais: palpitações, insônia, constipação e alguns problemas dos olhos.

Para eles, a meditação desinteressada é a melhor das terapias.

VIDA SENTIMENTAL

Estes nativos percebem claramente as necessidades dos parceiros; sabem também agir pela sedução, graças ao olhar e à voz, seus maiores trunfos.

São muito possessivos e não toleram nenhuma infidelidade, o que os leva a muitas dificuldades, pois, embora sejam bastante fiéis, seus fantasmas são quase permanentes.

PROFISSÃO

Estes nativos deveriam escolher uma profissão que lhes permitisse exprimir-se livremente. Como é evidente, tais profissões são variadas: diplomata, artista, advogado, ator de teatro ou de cinema, adivinho ou astrólogo, conselheiro.

Capítulo 5

AS PREVISÕES ANUAIS

Para fazer as previsões anuais, você precisa sobrepor a posição da sua constelação de nascimento à carta do Ho Tu, levando em conta que cada ano corresponde a um dos nove quadrados.

Por exemplo, a constelação do ano de 1983 é 8 (ver capítulo anterior; mantém-se a posição masculina para os anos).

É preciso, portanto, escolher o quadrado com 8 no centro (tanto para o homem como para a mulher, o quadrado será 8).

Em seguida localize sua constelação de nascimento nesse quadrado; por exemplo, a constelação 1 para um homem nascido em 1945 ou a constelação 5 para uma mulher nascida nesse mesmo ano. No quadrado de centro 8, a constelação 1 situa-se no centro e à direita (oeste simbólico no Ho Tu).

É necessário, agora, sobrepor esse quadrado de centro 8 ao quadrado Ho Tu original e ver a que número corresponde o H: o 7.

Agora, basta ler as previsões referentes à "casa" 7, na qual a constelação dessa pessoa se encontra em 1983. (Para uma mulher nascida em 1985, a casa seria a 2.)

Eis, portanto, as previsões energéticas para as nove casas possíveis, considerando-se que o ano começa no solstício de inverno, o que representa uma diferença de cerca de 10 dias em relação ao nosso calendário.

Os números da carta Lo progridem a cada ano segundo uma ordem precisa; essa ordem representa a sucessão das constelações simbólicas. Essa progressão ordenada representa a marcha das estrelas, que se repete, idêntica, a cada nove anos, de acordo com esta ordem:

		S		
	5	1	3	
E	4	6	8	O
	9	2	7	
		N		

		S		
	4	9	2	
E	3	5	7	O
	8	1	6	
		N		

		S		
	3	8	1	
E	2	4	6	O
	7	9	5	
		N		

		S		
	2	7	9	
E	1	3	5	O
	6	8	4	
		N		

		S		
	1	6	8	
E	9	2	4	O
	5	7	3	
		N		

		S		
	9	5	7	
E	8	1	3	O
	4	6	2	
		N		

		S		
	8	4	6	
E	7	9	2	O
	3	5	1	
		N		

		S		
	7	3	5	
E	6	8	1	O
	2	4	9	
		N		

		S		
	6	2	4	
E	5	7	9	O
	1	3	8	
		N		

As Previsões Anuais

As previsões anuais são efetuadas graças à constelação de nascimento e com a ajuda da carta do rio Lo esquematizada pelo triângulo mágico de 9.

Todos os números do rio Lo (o Ho Tu) são representados nesse quadrado em sua progressão, que representa também a evolução dos elementos naturais no decorrer de um ano.

CASA 1: A ÁGUA

Esta casa simboliza o inverno, a noite, o norte, as dificuldades financeiras, a saúde em perigo, as situações difíceis que surgem de repente.

Compara-se esse ano a uma árvore florida escondida pela neve. Dificuldades para manter o nível habitual de vida.

Os projetos novos podem fracassar, exceto se, relacionados com o início de novos estudos de cunho intelectual ou espiritual. É preciso atentar especialmente para tudo o que tiver relação com a água e o frio: inundações, viagens marítimas, venda de líquidos, consumo abusivo de álcool!

Os segredos pessoais ou ilícitos podem ser descobertos. Se a pessoa permanece tranqüila, estudiosa ou em meditação, o ano será proveitoso, pois esse é o momento da interiorização e da descoberta do subconsciente (símbolo da água e do yin).

No que diz respeito à saúde, deve-se cuidar dos pontos delicados: rins, bexiga, edemas, vias urinárias, aparelho genital, próstata, ovários, regras, diabetes . . . e também de qualquer tendência a idéias pessimistas.

Os nativos das constelações (anos de nascimento) 2, 5, 8 e 9 deverão ser particularmente prudentes neste ano.

CASA 2: A TERRA

Eis um ano em que se deverá seguir o "caminho do homem comum", a trilha da multidão, simbolizada pelo trigrama da terra.

A terra representa o fim do verão, o período da colheita. É o momento em que se deve antes colher do que plantar novos grãos. Período no qual a criatividade e a imaginação serão deixadas um pouco de lado.

Só serão favorecidos os pequenos projetos que não questionem toda uma vida; quanto ao resto, deve-se continuar a rotina habitual, desenvolvendo mais que inovando. Tampouco procurar novos amigos ou novos horizontes; trata-se do momento de redescobrir o cotidiano e de enriquecê-lo.

Para seguir o caminho do céu nesse ano será necessário também evitar a liderança e o desejo de comandar; é o momento de uma submissão à vida, o que será esclarecido a vocês pelo hexagrama nº 2 do *I Ching*.

A casa 2 é também um conselho: controlar e tomar de fato consciência das próprias emoções, exercitando uma real modéstia. Será preciso igualmente abster-se de comer demais (em quantidade), a fim de evitar perturbações intestinais que podem ter repercussões no sangue e na pele.

CASA 3: O TROVÃO

Este é o ano das forças vivas e transbordantes (yang) que estouram à vista de todos como o trovão.

O trovão simboliza a primavera, a renovação, as novas esperanças, o crescimento das plantas, as novas iniciativas e o progresso.

Toda a energia da natureza estimula o avanço, mas será preciso desconfiar da decisão tomada sem seriedade.

Todo projeto novo se encaminhará muito rapidamente; eis por que a manipulação da força yang é delicada: rápido sucesso ou fracasso brutal!

Outra lei governa a força yang: quanto maiores forem os esforços, tanto mais rápida e completa será a realização em qualquer área.

Portanto, o que importa é saber de início se o objetivo perseguido é válido ou não.

A saúde, sobretudo, será florescente, mas haverá riscos de fadigas brutais e passageiras. Cuidar em especial do fígado e da vesícula biliar, dominar a cólera e a irritação latente através de pensamentos melancólicos (psicologia taoísta: a tristeza controla o excesso de cólera como o metal controla a madeira no ciclo de cinco elementos). Atentar, portanto, para os problemas dos nervos e aliviar o fígado por meio de curas vegetais adequadas.

Os nativos das constelações 2, 5, 6 e 8 deverão ser particularmente prudentes durante este ano do trovão.

CASA 4: O VENTO

Trata-se do ano da meditação, no sentido ocidental e oriental do termo; isso quer dizer que o mental, como o vento, tem o poder de penetrar em tudo: inteligência, concentração, rapidez de pensamento, abertura de espírito, sobretudo.

Os esforços do ano anterior frutificam e os lucros materiais são mais fáceis.

São facilitadas as relações com a sociedade, os amigos e o ambiente; a pessoa é levada a compreender melhor os outros e a se comunicar sem problemas.

Pode-se esperar respeito e confiança da parte dos outros.

Este ano é simbolizado pela cor verde da árvore madura: o ano representa a maturidade, a experiência e ideais mais pragmáticos que idealistas; em resumo, pouco românticos.

Apenas as reações intempestivas devem ser temidas; é necessário controlar os arrebatamentos!

No plano emocional, o ano será agradável, com uma abertura para as distrações e os passeios.

No plano da saúde, cuidado com os resfriados, as constipações e as gripes que podem sobrevir em função de um bloqueio das defesas (Wei Chi) – bloqueio devido, por sua vez, a perturbações do fígado ou dos pulmões . . . Cuidar também dos intestinos e dos nervos.

Cuidado também com as epidemias.

Os nativos das constelações 2, 5, 6, 7 e 8 deverão ser especialmente prudentes neste ano.

CASA 5: O PALÁCIO CENTRAL

Esta é a casa central da figura simbólica dos nove palácios, o famoso "Hing Tang" ou palácio que representa simbolicamente o início e a conclusão de todas as coisas.

O encontro das energias do Céu anterior e do Céu posterior é, ao mesmo tempo, a representação do centro de tudo: o centro do cérebro e o terceiro olho; o centro do ventre: o baço que alimenta todos os órgãos, a cor amarela que simboliza a cor mais harmoniosa do espectro luminoso (pois se situa no centro do arco-íris). O melhor grau possível de equilíbrio entre o fogo e a água.

Trata-se, portanto, do ano da realização, em que todos os esforços sérios dos últimos anos (os nove anos) frutificarão, podendo seus frutos ser doces ou amargos segundo os esforços tenham caminhado na direção do Tao ou na direção do ego.

Todos os projetos em que se trabalhou nos últimos anos podem enfim ter resultados; este é também um bom ano para iniciar uma ação de longo prazo ou uma ação que terá conseqüências.

No plano das relações, este ano é importante: é possível que nele se encontre a alma gêmea ou haja uma dolorosa separação daquele ou daquela que você considera tal.

Trata-se do ano da realização espiritual após meses de esforços ou de fervor!

Cuidado, contudo, com o orgulho e o egocentrismo!

No plano da saúde, cuidar das perturbações psicossomáticas do coração e das dificuldades digestivas (o baço e, em especial, o estômago), assim como do risco de enquistamentos ou de pequenos tumores.

Os nativos das constelações 3 e 4 deverão ser particularmente prudentes.

CASA 6: O CÉU

Este ano representa a criatividade, a força e a dignidade do céu. A força do pensamento puro, a força yang, o movimento ascendente, a força espiritual, os espíritos (Shen). Em termos simbólicos, é o período de abundância e de satisfação depois da colheita.

Este ano representa também um esforço intenso e constante de natureza intelectual, que algumas vezes tornará difíceis os contatos com o ambiente.

A ambição é a tonalidade deste ano; as pessoas se dirigem com perseverança para um objetivo preciso.

Trata-se de um bom período para aceitar novas responsabilidades e iniciar projetos de longo prazo, sobretudo se a pessoa é a única responsável por eles.

Este é o ano da força do "chefe" e do homem "superior" do *I Ching*, embora este deva estar à altura de suas ambições e evitar o orgulho e a intolerância. Precaver-se de certas tendências arrogantes ou abusivas.

No plano da saúde, atentar para o risco de acidentes na direção (um cavalo da China antiga pode ser um automóvel do mundo atual). É preciso especialmente evitar as paradas bruscas (freadas!).

Cuidar: da cabeça, das dores de cabeça, da circulação e da pressão, das afecções da parte superior dos brônquios, das exposições ao sol, das queimaduras e da neurastenia.

Os nativos das constelações 1, 3 e 9 deverão mostrar-se particularmente prudentes.

CASA 7: O LAGO

Este ano simboliza as festas que ocorrem depois da colheita, quando o duro trabalho se encerrou e as provisões são suficientes para o inverno. Trata-se de um momento de puro prazer sensual . . . muitas vezes sem continuidade.

Os que trabalharam longos anos ou longos meses podem usufruir deste ano como um período de repouso em todos os planos: este ano é particularmente propício às viagens ou às aposentadorias voluntárias.

Deveria ser mais fácil ganhar a vida, mas as despesas, numerosas, diminuirão os recursos.

Muitos serão os contatos, mas poucos projetos se realizarão, seja no domínio profissional ou sentimental. Não se deverão tomar como base, de maneira exagerada, os encontros deste ano, mas viver antes com uma atitude que os chineses qualificam de "economia da vida".

O conselho para este ano é evitar a possível incompreensão decorrente de encontros ou mesmo de profundos erros de julgamento.

No que diz respeito à saúde, atentar para as perturbações bucais, os dentes e as complicações dentárias, bem como para os problemas respiratórios.

Os nativos das constelações 3, 4 e 9 deverão ter especial prudência neste ano.

No plano espiritual, este ano será medíocre, não sendo necessário buscar senão um estado de relaxamento profundo, já que a casa 7 é uma casa muito material.

CASA 8: A MONTANHA

Este ano representa simbolicamente certo grau de isolamento ou de incomunicabilidade. Trata-se da montanha, retiro dos eremitas taoístas, lugar de afastamento do mundo, de reflexão, de recolhimento em si (interiorização) e de meditação; local de aproximação da natureza espiritual (o céu – o yang).

Do ponto de vista dos projetos e das atividades, este é um ano de estagnação, que seria mais bem aproveitado para o recolhimento, o estudo e a reflexão. Ele só é propício a uma reforma: "mudar-se a si mesmo antes de querer mudar o mundo". Trata-se do ano ideal para empreender um trabalho espiritual ou emocional de fôlego.

Assim como se deve agir de maneira conservadora no que se refere a assuntos terrestres (bens, profissão, etc.), assim também o pensamento estará sujeito a profundas mudanças.

As comunicações com os outros serão difíceis; não é um bom ano para qualquer tipo de associação.

O conselho para este ano: agir com a maior lentidão e a maior circunspecção possíveis.

Será preciso sobretudo tomar cuidado para que as pessoas de suas relações não façam nada que possa causar perturbações e sempre tomar como base o próprio julgamento. Quanto à saúde, precaver-se das ações dos outros (riscos de acidente, de gestos intempestivos, etc.) e cuidar da circulação do sangue: da hipo ou da hipertensão em particular. Será necessário também manter-se em forma através de exercícios regulares, lentos e profundos, como as automassagens ou o tai chi chuan.

Ficar atento, igualmente, para os riscos de artrite e de nevralgias.

Os nativos das constelações 1, 3 e 4 deverão ser especialmente prudentes.

CASA 9: O FOGO

Este é o ano do reconhecimento e da clara manifestação das qualidades (ou defeitos) de uma pessoa. O ano em que os segredos são desvelados e em que não é mais possível esconder as próprias intenções. Durante esse período, os dons artísticos do indivíduo deveriam ser desenvolvidos seja qual for o domínio.

Trata-se de um ano propício aos novos encontros e às mudanças de residência.

Em contrapartida, surgirão problemas entre o indivíduo e os seus velhos conhecidos.

Simbolicamente, o sol representa o verão, a claridade, a fama e a sociedade refinada.

É também o ano em que a pessoa pode mergulhar no orgulho, no sofrimento e na superficialidade (o yang do yang), que são a caricatura do verdadeiro sol.

Como o enfatizam os antigos textos da filosofia taoísta, nem sempre é bom sentir-se exaltado em demasia (alegria excessiva), pois, como diz o provérbio francês: *"Jean qui rit, Jean qui pleure."*

Neste ano, aconselha-se também a tomar todo o cuidado com os documentos escritos ou oficiais, sobretudo os do passado que podem causar algum aborrecimento. (Especialmente as perdas de antigos documentos escritos.)

第四十一象

甲辰

No plano da saúde, cuidado com o coração e a circulação, bem como com os olhos. Ficar atento às febres altas (excesso de yang), às insolações e queimaduras, à depressão (ciclotimia, depressão agitada).

Os nativos das constelações 1, 6 e 7 deverão mostrar-se particularmente prudentes no decorrer deste ano.

Astrologia e Relações

O princípio das relações na astrologia das 9 constelações baseia-se na lei dos cinco elementos (Wu Hsing), muito usada na China em astrologia, geomancia e medicina.

O princípio básico é que uma pessoa se harmonizará bem com outra (compreensão mútua, mesmas idéias sobre a vida) se for do mesmo elemento dessa outra (trata-se, antes de tudo, das constelações do ano de nascimento e também, em menor grau, das constelações da hora, do dia e do mês, em ordem decrescente de importância). Por exemplo: uma pessoa nascida sob a constelação simbólica da estrela única da água (constelação 1) se harmonizará e terá pontos de vista comuns com a mesma estrela de nascimento.

Existem dois ciclos nos cinco elementos: o ciclo de engendramento (a mãe gera o filho; por exemplo, a água alimenta a madeira) e o ciclo de controle-revolta (por exemplo, a água apaga o fogo); esse ciclo é esquematizado no seguinte desenho dos cinco elementos em movimento, os 5 movimentos:

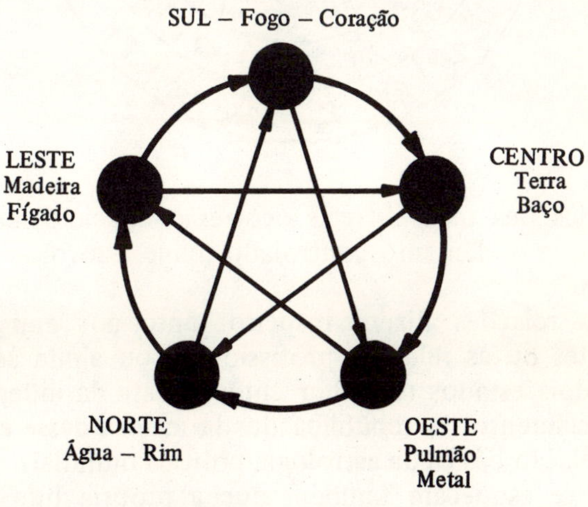

Assim, as relações entre duas pessoas serão proveitosas e complementares no caso de duas constelações que geram uma à outra, como, por exemplo, as oito estrelas da terra e as estrelas do metal (o metal é gerado na terra!). *Sob a con-*

dição, evidentemente, de que uma sobretudo receba e a outra dê (aceitação da sua polaridade sexual ou emocional). Trata-se então de uma relação que desenvolve os estados de consciência e os amplia (expansão de consciência, relação aberta).

As relações mais difíceis ocorrerão no ciclo revolta-controle em que o elemento controlado tende a revoltar-se contra o "agressor".

Essas relações dizem respeito tanto aos amigos como aos amantes ou às relações profissionais, ou ainda às relações entre os dois estados (escolher então a data da independência ou do nascimento da república ou da realeza desse estado como constelação básica da astrologia política mundial).

Não se esqueçam também que a própria luta dos contrários (por exemplo, o fogo e a água) pode ser proveitosa, desde que conduza à harmonia pela força e pela compreensão (força interior, naturalmente . . .).

O ciclo dos 5 elementos pode abrir novos horizontes na psicologia, por exemplo, no estudo de uma família (pais e filhos) ou no estudo da evolução de um negócio ou de uma empresa (a constelação de nascimento é a da data da criação da empresa ou da assinatura das atas).

O estudo dos cinco elementos e o das polaridades (yin e yang) são dos mais enriquecedores que existem, constituindo, com a arte de interpretar os trigramas e os hexagramas, a base de todo o sistema esotérico chinês (incluindo a medicina e as artes de saúde como o dao-yin e o tai chi chuan).

Anexo

TRIGRAMAS, ASTROLOGIA E MEDITAÇÃO

Os Trigramas, Suportes de Vidência

Numerosas escolas neotaoístas e budistas menosprezam o valor da astrologia, pois, para elas, só o homem consciente é responsável pelo seu destino (o carma dos hinduístas e dos budistas). Contudo, são unânimes em considerar que, em sua prática, a astrologia permite o desenvolvimento da qualidade intuitiva do homem e que, desse modo, a abordagem da verdade é grandemente facilitada. A escola do Tchan (Zen original) insiste sobretudo no fato de que os trigramas do *I Ching* podem facilmente tornar-se suportes de vidência e permitem o desenvolvimento do célebre 3º olho.

Os exercícios que propomos a seguir são justamente as bases taoístas do desenvolvimento das faculdades da intuição e do despertar; eles são o complemento indispensável à prática da astrologia chinesa das nove constelações, que permanece, de certa forma, precisa, pois:

– A verdade não pode ser dita com palavras (taoísmo).

– O destino está em constante evolução, não podendo, de modo algum, ser conhecido de antemão (Budismo).

– O homem deve procurar em si mesmo o seu caminho.

OS CAMPOS DE CINABRE

Se queremos desenvolver nossa energia psíquica para nos tornarmos bons "receptores intuitivos e objetivos" com vistas ao exercício da arte da adivinhação segundo os chineses, devemos desenvolver os 3 centros principais da fisiologia taoísta: os "3 campos de cinabre", que correspondem, de maneira aproximada,[1] às 3 lareiras ou 3 aquecedores da medicina tradicional chinesa. Essa noção dos 3 campos de cinabre ou Tantien aparece nos textos taoístas desde o século III d.C. Contudo, é possível que o estudo desses 3 centros seja muito mais antigo.

O termo "cinabre" corresponde ao mineral de cor vermelha utilizado pelos alquimistas chineses como material de base da pedra filosofal. Em termos simbólicos, representa o germe da imortalidade;[2] assim, um campo de cinabre é um "campo" de trabalho sobre si mesmo que deve ser cultivado pelo exercício, pela respiração e pela meditação:

– O *exercício* fornece a flexibilidade necessária à livre circulação da energia vital, o chi, nos meridianos e nos centros psíquicos internos. É a mesma energia utilizada no tratamento pela acupuntura ou pelas ervas segundo o método tradicional chinês.

– A *respiração* em ação (chi kung) ou em repouso (chin kung) permite que o chi circule com maior vigor e de uma forma controlada e conscientemente dirigida.

– A *meditação* permite viver a serenidade, a não-ação (wu-wei), em consonância com a lei da evolução natural e do Tao. Ela permite igualmente recorrer ao "chi secreto", que é a reserva que pode servir à cura ou à expansão da consciência. É necessário recordar aqui que, para os taoístas, meditar significa, antes de tudo, "viver o vazio", "esquecer tudo", e não "pensar em coisa alguma" ou "desejar".

1. Com efeito, a lareira superior (coração-pulmões) não corresponde, em termos de lugar, ao cinabre superior, situado na cabeça.

2. Não tomar esse termo no sentido estrito e físico, como o fizeram seitas "taoístas fanáticas" (o taoísmo nunca deveria ser fanático).

Nem todos os taoístas o situam exatamente no mesmo lugar, mas acabam por concordar sobre a sua localização com poucos centímetros de diferença.

– Alguns o situam a 3 larguras de polegar sob o umbigo; ele corresponde ao ponto de acupuntura "barreira da essência vital".

– Outros o situam a 1 largura de polegar e meia sob o umbigo; neste caso, ele corresponde ao ponto "mar de energia".

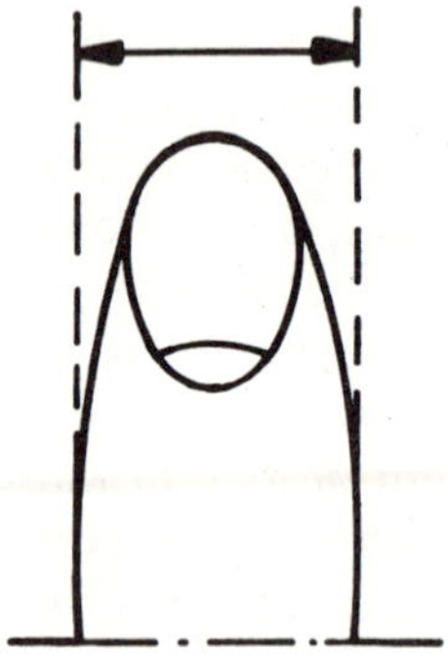

Segundo um texto taoísta do século IV que reúne conselhos de Lao Tsé, o campo de cinabre inferior "é a raiz do homem". "Trata-se da reserva da potencialidade e da energia espiritual." Daí partem os 5 chi[3] e aí reside o "feto cósmico . . . aí se reúnem o yin e o yang . . ." Algumas escolas de ioga efetuam, com base nesse centro, um trabalho de visualização das 5 cores – o azul, o vermelho, o amarelo, o branco e o preto – e, algumas vezes, de símbolos e de "divindade". De modo inverso, o exercício de desenvolvimento que propomos é muito mais despojado, embora bastante eficaz:

3. Correspondentes aos 5 elementos – madeira, fogo, terra, céu e água – e aos 5 órgãos – fígado, coração, baço, pulmões, rins.

– É a base do desenvolvimento espiritual (os fundamentos) segundo o taoísmo (e também segundo o budismo chinês).

– Ele aumenta a vitalidade, facilitando o estado de despertar e a dissipação dos pensamentos obsessivos.

Exercício do campo de cinabre inferior

– Isolar-se num cômodo bem aquecido e sentar-se no chão, com a perna esquerda cruzada diante da perna direita (o yang protege o yin).

– Fazer, com os olhos fechados, algumas respirações profundas visualizando e "sentindo" as tensões se dissiparem (suspirar eventualmente ou bocejar).

– Depois, concentrar a atenção no nível do ventre e do diafragma: tomar consciência de que, na inspiração, o diafragma desce e o ventre incha um pouco para fora, e, na expiração, o diafragma se eleva e o ventre se esvazia. Contudo, não procurem *modificar* a respiração. Apenas tomem consciência do movimento do ventre.

– Após algumas dezenas de segundos ou alguns minutos, dirigir a consciência e "sentir" com todos os sentidos interiores (sem tensão mental) uma pequena pérola luminosa situada a alguns centímetros abaixo do umbigo e no interior do ventre. Vocês devem absorver-se totalmente nessa "visualização-sensação". Não se desencorajem e façam essa meditação pelo menos duas vezes por semana, pelo tempo que quiserem (5 a 20 minutos).

Vocês podem queimar incenso e colocar uma música suave (flauta chinesa, órgão oriental . . .) se isso ajudar.

O CAMPO DE CINABRE MÉDIO

Esta zona de energia vital e psíquica corresponde sobretudo ao sopro (o chi) e ao seu uso consciente (para a autocura por visualização, para o equilíbrio psico-emocional).

Ele corresponde ao trabalho com base no sopro, chi kung, que é uma parte importante da "ioga chinesa".

A sua localização é simples, exigindo apenas que se tenha um metro ou uma toesa, e que haja duas pessoas! Meçam a altura da pessoa. Dividam por dois. O centro de cinabre médio está a 3 larguras de polegar abaixo do meio da altura (aproximadamente no nível do plexo solar).

Exercício do campo de cinabre médio

– ficar em pé num lugar calmo e aquecido (ou ao ar livre, no verão);

– os pés afastados à distância de um ombro;

– os joelhos ligeiramente dobrados, de modo que os músculos das pernas não fiquem tensos;

– os ombros relaxados;

– a cabeça reta, sem tensão no nível do pescoço;

– fechem os olhos e eliminem toda espécie de tensão do corpo;

– como se vocês estivessem de olhos abertos, fixem o olhar diante de si e visualizem uma paisagem agradável;

– esqueçam a respiração e dirijam a consciência para a paisagem imaginária sempre que sobrevenha um pensamento;

– fiquem assim, com o mínimo de esforço físico e de tensão mental, pelo menos por 5 minutos e, no máximo, 15 minutos;

– se possível, façam isso todos os dias, ou, pelo menos, a cada dois dias durante vários meses.

Conselhos

Pequenas dores e tremores podem aparecer. Deixem-nos "trabalharem"; são efeitos perceptíveis da desobstrução da energia interior (o "chi secreto").

Se sentirem um grande cansaço, espreguicem-se e interrompam a meditação.

Efeitos

– desenvolvimento da energia interior: harmonia;
– equilíbrio psico-emocional – vitalidade ampliada;
– preparação para o desenvolvimento da intuição e da abertura espiritual.

O CAMPO DE CINABRE SUPERIOR

O niwan ou palácio superior situa-se entre as duas sobrancelhas, no nível do ponto de acupuntura in-trang, mas dentro e no meio do crânio. São evidentes as comparações com o chakra do "3º olho" dos indianos e dos tibetanos. Esse centro diz respeito à energia espiritual (de natureza yang e celeste). É às vezes denominado o lago superior do lótus. O escrito taoísta intitulado "o livro do selo do coração", que foi elaborado na dinastia Ming, esclarece: "a intuição fulgurante e precisa é a energia espiritual". Segundo esse mesmo texto, a essência e o chi dão origem à energia espiritual, o que demonstra o interesse por "cultivar" primeiro os campos de cinabre inferior e médio antes de cultivar a energia espiritual. Isso para não cair nos caprichos de certos grupos fanáticos, demagógicos e um pouco "perturbados", tanto orientais como ocidentais (a tolice não tem fronteiras). O Oriente tem a cabeça no céu, mas os pés bem fincados na terra.

Exercício do campo de cinabre superior

Repetimos que só se deve tentar fazer este exercício depois da prática assídua – 15 dias, no mínimo – dos dois exercícios anteriores. Este exercício de respiração e de visualização é denominado "a limpeza taoísta do cérebro".

– Sentar-se numa posição confortável, com a coluna vertebral reta, mas sem tensão. A temperatura do aposento deve ser suficiente, doce, e o ar não deve estar viciado.

– Durante todo o exercício, vocês devem manter os músculos contraídos (para o alto), de modo a elevar a energia do cóccix para o cérebro e concentrá-la aí. No entanto, essa tensão localizada não deve modificar em nada a respiração, que precisa ser muito livre e natural. Depois, fechem as mãos sobre os polegares (sem força).

– A cada inspiração, projetem o queixo e abaixem a cabeça (sem mexer as costas) visualizando a onda de energia que sobe pela coluna vertebral e irriga o cérebro (desenho 1).

– A cada expiração, elevar o queixo, com a cabeça caindo suavemente para trás, enquanto, simultaneamente, os ombros se erguem. Façam isso visualizando as tensões, as preocupações, os pensamentos obsessivos que saem pelo nariz com o alento (desenho 2).

Realizem este exercício de acordo com o ritmo da respiração natural, sem pressa, por um período de 5 a 10 minutos. Ele prepara para o método de meditação que lhes será explicado com as aulas sobre o *I Ching*. Fortalece o sistema nervoso, o poder de concentração, a memória, e permite que a pessoa se sinta mais livre, mais próxima do Tao.

As Ciências Divinatórias Chinesas

– Adivinhação pelas carapaças de tartaruga fendidas pelo calor;

– adivinhação por meio do *I Ching*;

– adivinhação pelo método das 5 moedas e dos 32 poemas divinatórios;

– estudo dos sonhos (medicina e adivinhação);

– adivinhação pelos trigramas do rei Wen;

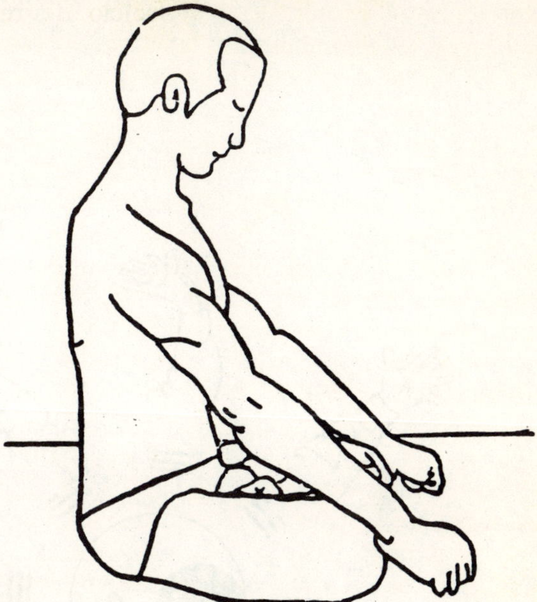

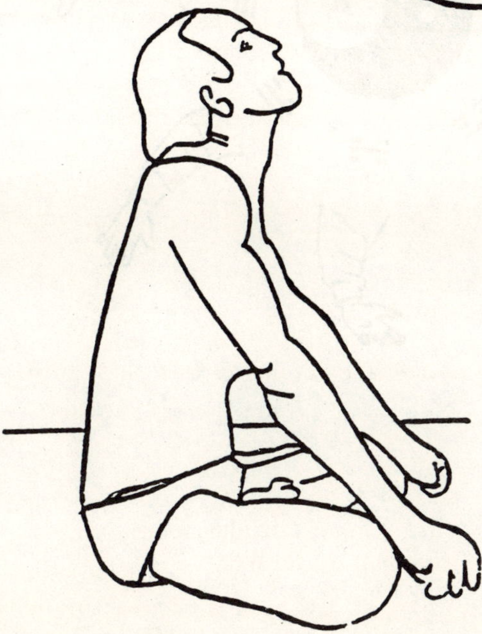

OS TRÊS CAMPOS CINABRE (TANTIEN)

LOCALIZAÇÃO	CINABRE	ENERGIAS	AÇÃO
Entre as duas sobrancelhas (no centro do crânio)	Niwan Campo de cinabre superior (céu) ↑	- Energia espiritual	- Despertar espiritual - Intuição - Compreensão direta das coisas
3 larguras de polegar abaixo do meio da altura do corpo (no nível do plexo solar)	tu fou Campo de cinabre médio (homem) ↑	- Sopro ou "chi" ou ar	- Controle do sopro e da energia vital - Equilíbrio
3 larguras de polegar ou 1 largura de polegar e meia sob o umbigo (no interior do ventre)	chi hai Campo de cinabre inferior (terra)	- Lugar de reunião da essência do yin e do yang	- Vitalidade - Ponto de partida da evolução espiritual

– a fisiognomonia;
– a astrologia baseada no *I Ching*;
– a astrologia dos 5 planetas e dos domicílios lunares;
– as cartas divinatórias;
– o estudo dos lugares – o feng shui;
– a adivinhação do pássaro.

AS ESCOLAS TAOÍSTAS

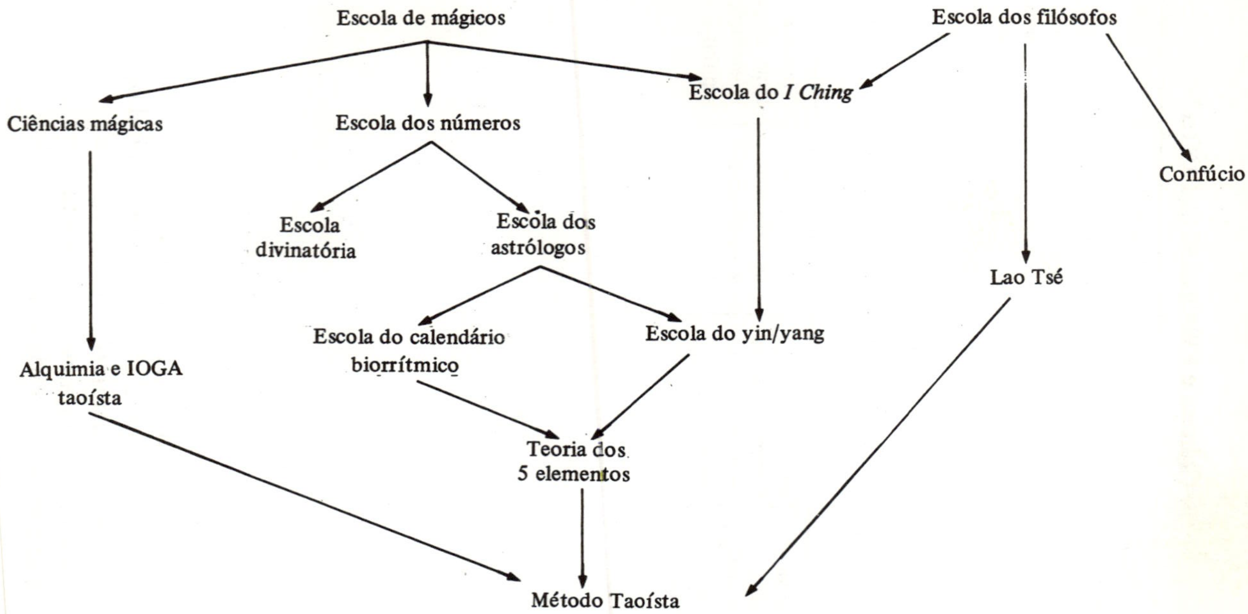

(segundo um estudo de Hsu Ti Chan)

Adivinhação Chinesa e Ciências Divinatórias Ocidentais

(Estudo Comparativo)

China	Ocidente (astrologia, cabala, tarô, etc.)
A adivinhação apóia-se na filosofia taoísta; filosofia com base na experiência.	As artes divinatórias ocidentais fundamentam-se numa teoria espiritual evolucionista.
Os métodos de adivinhação e de astrologia são muito numerosos. Os métodos são bastante limitados (em número).	Os métodos são bastante limitados (em número).
A tradição chinesa oral e escrita chegou a nós, com pouca interrupção histórica, há mais de 2.000 anos.	Os vestígios escritos dessas ciências são bastante recentes e a cadeia carece de numerosos elos.
Os métodos taoístas integram-se num todo: filosofia, medicina, "iogas", música . . .	Às vezes é difícil vincular as artes divinatórias com os métodos e técnicas da ciência ocidental.
Os métodos taoístas já provaram sua eficácia em certos domínios: acupuntura, cálculo binário do *I Ching*, meteorologia segundo o calendário lunar, etc.	Os estudos empreendidos no Ocidente sobre os métodos tradicionais (alquimia, medicina espagírica, ondas de forma, etc.) são ainda muito poucos.

第二十二象　乙酉　䷰ 兌下離上　象

讖曰

天影當空　否極見桼

鳳鳳淼淼　木冓大賴

頌曰

神京王氣滿東南。　禍水汪洋把策干。

一木會支二八月。　臨行馬色半平安。

聖嘆曰此象康王南渡建都臨安秦檜專權遂成偏安之局〇木冓康王名構一木會支二八月者指桼檜也木會爲檜春半秋半卻成一桼字

4	9	2
3	5	7
8	1	6

OS 9 PALÁCIOS

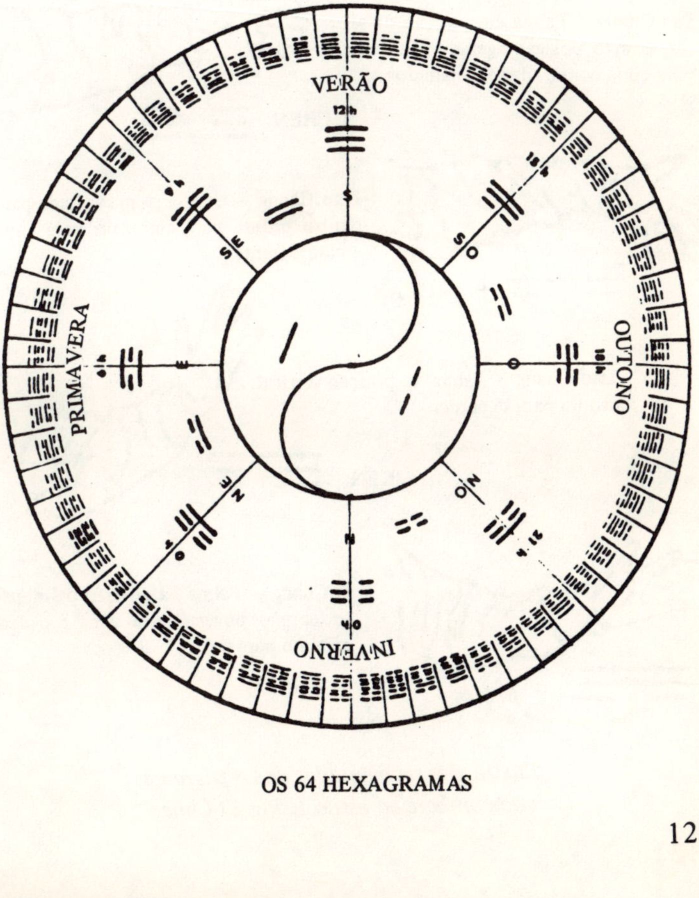

OS 64 HEXAGRAMAS

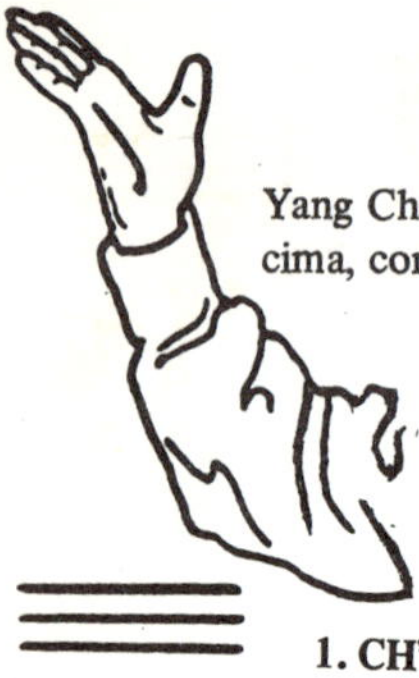

Yang Chang – Palma de mão virada para cima, com os dedos separados

Lo Shuan Chang – Dorso de mão voltado para baixo, a palma pronta para girar para cima como espiral, até que a palma fique voltada para fora

1. CH'IEN

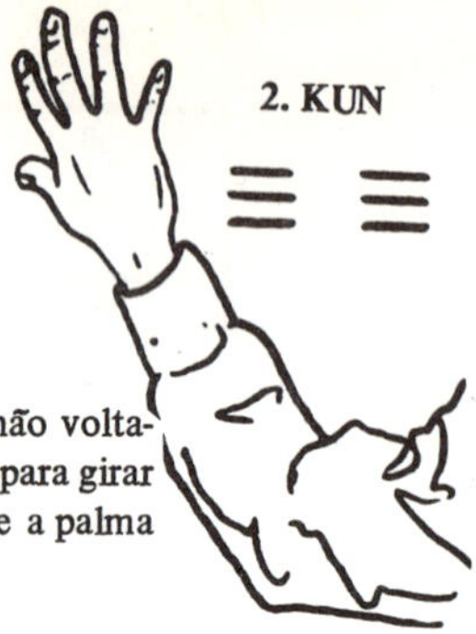

2. KUN

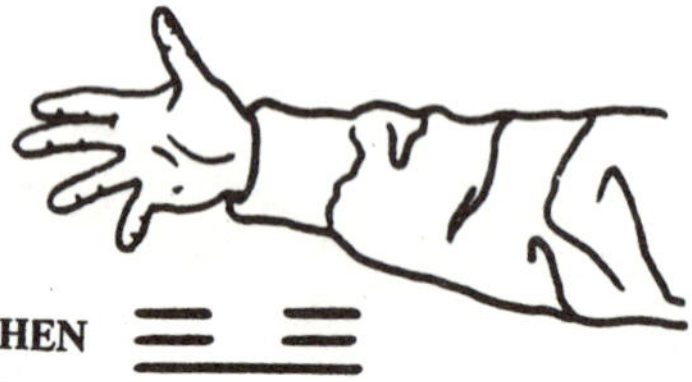

Pao Chang – Palma em posição de segurar, com o polegar ligeiramente voltado para cima com os dedos separados

3. CHEN

Liao Chang – Com a palma voltada para dentro pronta para empurrar para cima e para a frente

4. K'AN

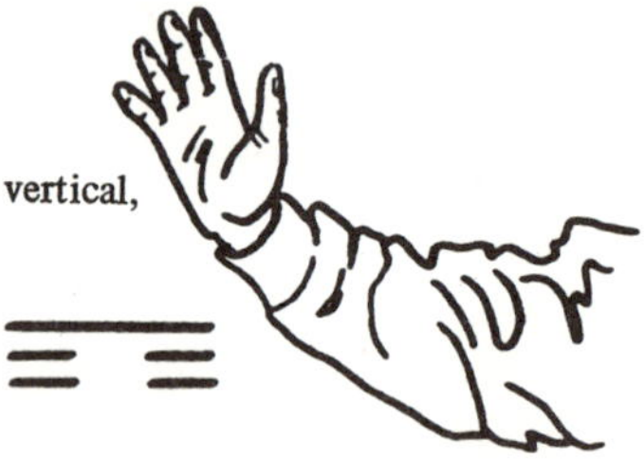

Tiao Chang – Palma na posição vertical, pronta para se erguer

5. KEN

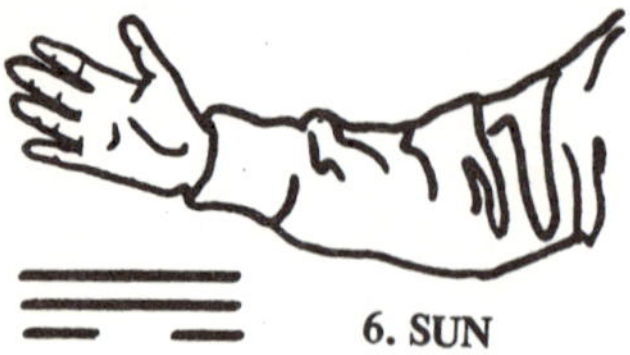

Pi Chang – Palma na posição de interferir com o polegar para cima e o dedo mínimo para baixo

6. SUN

Ilustrações segmentadas dos 8 trigramas no combate ao estilo Hsing Yi Chuan

7. LI

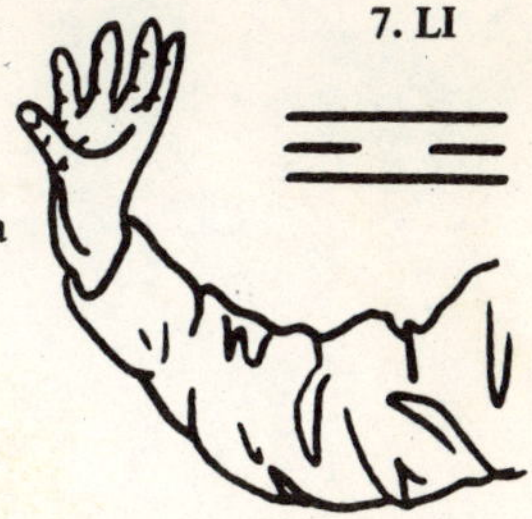

Shu Chang – Palma voltada para fora com os dedos separados

Fu Chang – Palma virada para baixo com os dedos separados

8. TUI

Bibliografia

Lama Anagarika Govinda, *The inner structure of the I Ching*, Tóquio, Nova York, Wheelwright Press, 1981.

Daliu, *Ching Numerology*, Nova York, Harper and Row, 1979.

Sherrill e Chu, *An anthology of I Ching*, Londres, Routledge and Kegan Paul, 1978.

Jou Tsung Hwa, *The Tao of I Ching*, Nova Jersey, 1984.

Léopold de Saussure, Le système cosmologique sino-iranien, jornal asiático, 1923.

I Ching, tradução do Philastre, anais do Museu Guimet, Paris.

I Ching, tradução de Wilhelm, Paris, Librairie de Médicis; Editora Pensamento, São Paulo.

I Ching, tradução inédita.

Kim Tawn, *Yi Tchou*, Éditions Trédaniel.

Su Wen, tradução do Dr. Lu, Vancouver.

Lu Kuan Yu, *Taoïst Yoga*, Londres, Rider, 1970.

Leia também

CORES PARA A SUA SAÚDE

Gérard Edde

Este livro ensina métodos práticos para cuidar da saúde com a ajuda das cores. Embora usada há milhares de anos nas medicinas indiana (ayur-védica), chinesa, tibetana e egípcia, a cromoterapia quase não é conhecida no Ocidente e pode revelar-se um método revolucionário. Ela tem como base a teoria — redescoberta por Einstein — de que energia e matéria estão em relação íntima e o princípio milenar de que toda terapêutica deve agir de modo a harmonizar o mental e o físico. Na América, alguns pesquisadores e práticos obtêm resultados notáveis seguindo as pegadas dos doutores Abraham, Mac Naughton e Dinsha.

A vida, como sabemos, é energia, é vibração. As cores constituem uma escala sensível e elevada dessas vibrações; elas modificam e influenciam profundamente nossas energias vitais e nossas emoções. Não deve, portanto, causar surpresa o fato de terem encontrado uma aplicação terapêutica importante.

Este manual prático lhe mostrará a eficácia da cromoterapia, aliás, de fácil aplicação, sem a necessidade de uso de qualquer material caro. Ele lhe dirá como se tratar — em casa — com as lâmpadas coloridas (que você mesmo poderá construir), como se beneficiar com os efeitos das cores através das roupas que você usa e através da alimentação; como usá-las para se relaxar, como acionar os seus centros de energia (os chakras) para vitalizá-los ou acalmá-los; como diagnosticar e prevenir grande número de perturbações da saúde pelas cores, etc.

Um manual original, de aplicação imediata, enriquecido por um importante repertório terapêutico de 93 afecções correntes que podem ser eficazmente tratadas pela cromoterapia.

MANUAL DO HORÓSCOPO CHINÊS

Theodora Lau

Aqui está o livro que todo mundo estava esperando!

Tomando por base o calendário lunar, o horóscopo chinês serve de complemento ao nosso horóscopo solar. Este aspecto de complementaridade faz com que o antigo horóscopo chinês seja um objeto de muito interesse. E a razão disso está em que ele recolhe de alguns animais umas tantas características dominantes, as quais, a seguir, são atribuídas às pessoas pelo ano de nascimento. Desse modo, a capacidade de observação, a perspicácia e o bom humor do chinês elaboraram um quadro de referências à vida diária que vale por uma visão do mundo muito bem estruturada e que o leitor, ou o consulente prazerosamente irão conservar na memória.

Para chegar a isso, o horóscopo chinês propõe ao leitor uma série de questões: Qual o seu signo lunar? Que características do animal que o representa são dominantes no seu comportamento? você se ligaria ao egocêntrico e poderoso Dragão? ou se casaria com a bela e sabida serpente? a quantas anda o seu relacionamento com o Cavalo, inteligente porém cheio de caprichos? Seria você o Boi do tipo sisudo, porém submisso? um Tigre cativante, mas imprevisível? ou um Coelho diplomata e manhoso? Chega a entender seu filho de Carneiro, sempre muito gentil e ansioso? Descubra, enfim, por que seu signo é afetado pela polaridade Ying/Yang, ou pelos elementos da Natureza: a Madeira, o Fogo, a Terra, o Metal e a Água.

No gênero, é este um dos mais completos e pormenorizados manuais já escritos em qualquer língua. Os iniciados em Astrologia comprovarão ser ele um volume que irá completar-lhes a formação. Os demais, uma fascinante introdução a um assunto encantador.

EDITORA PENSAMENTO

O Pequeno

I Ching

Richard Wilhelm

A presente edição do *I Ching* foi destilada da célebre tradução desse clássico chinês feita por Richard Wilhelm e que, na sua versão integral, com o título de *I Ching – O Livro das Mutações* – constitui uma das obras mais preciosas do catálogo da Editora Pensamento.

O Pequeno I Ching apresenta de forma direta e simples a interpretação dos 64 hexagramas da edição original na qual se inspirou. Preservando o espírito desse que é considerado "o mais antigo livro chinês, e também o mais moderno", o propósito desta edição é o de – atendendo às necessidades do leitor moderno – conferir às riquezas do *I Ching* uma forma prática para uso geral, simplificando-o mas preservando toda a sua força e eloqüência.

EDITORA PENSAMENTO

Editora Pensamento
Rua Dr. Mário Vicente, 374
04270 São Paulo, SP
Fone 272-1399

Livraria Pensamento
Rua Dr. Rodrigo Silva, 87
01501 São Paulo, SP
Fone 36-3722

Gráfica Pensamento
Rua Domingos Paiva, 60
03043 São Paulo, SP